負けない米国株投資術

米ヘッジファンドの勝ち方で資産を増やす！

アナリスト まりーさん

KADOKAWA

CONTENTS

※本書は株式売買、投資の参考になる情報提供を目的にするもので、有用性を保証するものではありません。投資や資産運用には一定のリスクがともないます。投資の最終判断はご自身の考えと責任のもとで行ってください。運用によって生じた利益・損失に関しまして、執筆者および出版社ではいかなる責任も負いません。
※2024年1月時点の情報です。ご利用時に変更になっている場合もありますので、ご了承ください。
※本文中で紹介している社名、製品名は各社が権利を有する登録商標または商標です。©、®、TMマークは割愛しています。
※エクセル(Microsoft Excel)はマイクロソフト社の表計算ソフトです。同社の許諾を得て使用しています。
※2024年1月18日時点では、1ドル=148.26円です。具体的な情報に関わらない部分では、わかりやすく1ドル=100円で概算していることもあります。

CHAPTER 2

CHAPTER 3

CHAPTER 4

CHAPTER 5

CONTENTS

〈 COLUMN 〉

STAFF
カバー・本文デザイン　島村千代子
DTP　武田 生
校正　みね工房
編集協力　深谷恵美
編集　佐藤綾香

脱・初心者!
投資で人生を豊かにしよう

経済停滞期に
「負けない投資」の実力をつけよう

インデックス投資にプラスしてリターンを狙いたい。そんな人のために、この本はあります。

お金は預金しても増えない。むしろインフレに負けて目減りする。だから、投資をしよう。NISAやiDeCoを使って、アメリカ株のインデックスファンドにドルコスト平均法（20ページ）で積み立て投資をすれば、10年間で2倍になる──。

2010年代後半からこのように日本で盛んに言われるようになり、すでに**ビジネスマンの約4割が投資をしている**といいます。そのうちのほとんどの人は「S&P500や全世界株式指数に連動する積み立てインデックス投資」を始めたことでしょう。それは大正解。ぜひ続けてください。

けれど、「10年間で2倍になる」というのは、はたして本当でしょうか。「これで将来は安泰」と安心していいのでしょうか。

2020年代初めまでの約10年間、S&P500の平均パフォーマンスは約11%でした。これなら確かに10年以内に2倍も可能です。けれど、私のように30年近く欧米の金融業界にいる人間からすると、これは一種の"インデックスバブル"にも見えています。

【インデックスファンド】インデックス型投資信託。S&P500などの株価や債券の指数と同じ値動きを、運用目標にする投資信託。どの指数に連動しているかが大事。

「老後2000万円問題の解決策は積み立てインデックス投資」と言われる時の根拠になる数字は、だいたい年6〜7%というパフォーマンスです。これは1957年代から2023年までのS&P500指数の平均年間パフォーマンスが約10.26%であることを考えれば、堅実な数字といえますが、平均はあくまで平均です。切り取る期間を変えれば、2桁下落する年もありますし、13年間最高値を更新しなかった期間もあります。

地球に昼と夜があるように、景気は良い時と悪い時を繰り返します。黄金の時代の後には停滞期がやってきます。停滞期は短い時もあれば、長期間、続くこともあります。そんな時期にも資産を増やしたい、インデックス投資以上のリターンを狙える投資力が欲しいというのなら、**「コア・サテライト運用」**を始めませんか。

コアで安定的に、サテライトで積極的にリターンを狙う

コア・サテライト運用とは、積み立てインデックス投資のような守りの運用を「コア」として、攻めの投資である「サテライト」を加えることで、**指数のみより上のパフォーマンスを狙おうという戦略**です。

もともとサテライトは「衛星」という意味があり、まさにそのイメージです。コアがメインの核になるものですから、地球と月、地球といくつもの人工衛星、そんな関係を思い浮かべてください。

サテライトになる投資商品にはいろいろありますが、リスク&リターンのバランスから「米国株・ETF（米国個別株とセクターETF）」が最も ふさわしいと私は考えています。

【S&P500】米国の大企業上場会社500社の株価を追従する株価指数。各企業の時価総額によって指数内の比重が決まる。米株投資の代表的なベンチマーク。銘柄は随時入れ替わる。

例えば電気自動車メーカーのテスラ（Tesla）の株を良いタイミングで買って、良いタイミングで売り、数ヶ月で３倍になったこともあります。こういうサテライトを上手に組み合わせて、インデックスファンドがあまり伸びない停滞期でも長期平均では10％ほどのパフォーマンスをキープできることを目指す。または、どんな時でもインデックスに１～２％上乗せできるような投資力を付ける。これが本書の目指すゴールです。

勝とうとすると大負けする。負けない投資で勝率を上げる

「でも、アクティブファンドが指数に勝てないから、積み立てインデックス投資がいいんじゃなかったっけ……」と疑問に思った人もいるでしょう。

その通りです。お断りしておくと、統計的にはサテライトの投資をすると成績を落とす傾向にあります。ですから「みんなと同じでいい」「積み立てインデックス投資のパフォーマンスで満足」というのなら、コアの地球に留まるほうが安全です。

それを知った上で、人類は宇宙を目指します。人は可能性を求めるもので、投資も同じです。失敗しないように分析とシミュレーションをして成功する確率を高め、**チャレンジする人にしか得られないリターンを求める。** 失敗しても致命的にならないようにして、次でリカバリーを試みる。そうやって投資に果敢に挑戦し、投資すること自体を楽しみ、さらに資産も増やそう、というのがサテライトの投資です。

「たった１～２％の上乗せか……」とがっかりした人もいるかも

【アクティブファンド】裁量型投資信託。指数と同じ成績を目標とするパッシブファンドとは対照的に、マネージャーの裁量によって市場平均を上回る収益を運用目標とする投資信託。

しれません。そうなのです。現実味のない夢を追って大切なお金をなくしてほしくないので、私は正直に書きました。

サテライト運用には米国株・ETF 以外の選択肢もあります。そもそも、サテライト 100％で運用する人もいます。為替やオプションをやったり、信用を使ってレバレッジを掛けて投資する人もいます。「月３万円であっという間に資産○千万円」「爆速○億円」といった結果を出せるのは、そういう投資法でしょう。大勝ちできる投資は大負けするリスクもあります。むしろ、大負けする人のほうが大金を稼ぐ人より圧倒的に多いと思います。相当な訓練を積んだ宇宙飛行士が決死の覚悟でするべき冒険です。

初めてサテライトに挑戦する人、すでに米国株・ETF に投資しているものの成績がイマイチだという人、過去に失敗して諦めてしまった人。そういう皆さんは再現性の高いコア・サテライト運用で、勝つよりも「負けない」ことを重視しながら、現実的な数字を目指していきませんか。

本書で解説するサテライト運用は米国株・ETF 投資で、

- **マクロの状況を見ながら**
- **企業分析に重きを置いて（ETF 投資ならここは不要）**
- **テクニカルも使ってタイミングよく投資する**
- **それによって、中長期の株価の値上りによるリターンを得る**

というものです。「マクロ？」「企業分析？」「テクニカル？」と疑問符だらけの人も、どうか安心してください。そんな皆さんが「初めの一歩」を踏み出すための入門書として、わかりやすくガイドしていきます。

【レバレッジ】 担保となる委託証拠金を証券会社に預け資金を借入して、元手以上の大きな金額の売買をすること。より高いリターンが期待できるが、その分リスクも倍増する。

そして、投資中級者・上級者の皆さんにも、きっと新しい気づきがあるでしょう。

あるいは、まだ何も投資をしたことがない人は「インデックス投資」「S&P500」といった言葉や仕組みからして不案内かもしれません。その場合はページ下のガイダンスを参考にしながら読んでいくと理解しやすくなっています（または、私のYouTube動画「投資基礎編」「投資用語編その①、その②」計3本を2倍速で聞き流していただくと、ざっと頭に入るでしょう。YouTubeのURLは256ページのプロフィール欄にあります）。

ウォール街のアナリスト歴25年。その経験で学んだ投資法をシェアします

よく「生きた英語を学ぶ」と言ったりしますが、アメリカで実践されている王道の「生きた投資」が、まさにこの本の内容です。

初めて米国株・ETFにチャレンジする人も、すでに始めている人も、ひとまずアメリカのスタンダードな投資法を知った上で、そこから自分に合うやり方を見つけていくと遠回りしなくてすみます。

私は日本生まれの日本育ちですが、大学時代にアメリカの大学に1年間学部留学したのをきっかけに、卒業後はずっと海外で金融の仕事をしてきました。キャリアのスタートはスペイン最大手の銀行グループであるサンタンデール銀行です。融資審査部で企業の経営状態の分析を学びました。

その後、アメリカのビジネススクールNo.1とされるペンシルベニア大学ウォートン・スクールでMBA（経営学修士）を取得。改めて金融分析の基礎を叩き込まれました。

【米国（個別）株・ETF】 米国株はアメリカの証券取引所上場企業が発行する株式のこと。米国ETFは米国の上場投資信託。通常、証券会社を介して取引する。

卒業後はニューヨークのウォール街にある証券会社やヘッジファンドで、主に証券アナリストとして投資先企業の情報収集や分析を行ってきました。現職ではヘッジファンド企業オーナーの個人資産に対する投資アドバイスを行っています。

この間、いくつものバブルや不況も体験し、9.11事件の時もリーマンショックの時も現場に居合わせました。個人的にも1990年代から身銭をきって投資しているので、皆さんと同じ目線で痛みも喜びも味わっているつもりです。

そんな私が知っていること、知ってもらいたいことを、本書にピックアップしました。ヘッジファンドの投資法から使える部分をアレンジして、個人投資家の強みを活かした内容になっています。

個人投資家の強みを活かし、ヘッジファンドの投資法をブレンド

ヘッジファンドというとどんなイメージがあるでしょう。お金第一主義とか、弱肉強食の恐ろしいイメージがあるでしょうか。確かに実力主義ではありますが、それはアメリカ社会、というかグローバルな社会全体がそうであるわけで、ヘッジファンドに限ったことではありません。

むしろ後で詳しく述べますが、**ヘッジファンドを含める機関投資家（プロの大口投資家）の手法は極めて手堅いものです。大きく儲けることよりも損をしないこと、大勝ちするより負けないことを優先します。なぜなら、そのほうが結果的に良い成績を出せる**からです。

この投資法で一攫千金は狙えません。むしろ狙ってはいけません。大勝ちしないけれど、大負けもしない。

【ヘッジファンド】相場環境に左右されないようリスクヘッジを行い、運用資産の絶対収益を目標とする。空売りなどの投資法を使うので富裕層しか投資できない。

個人投資の王道とは時間とエネルギーをかけすぎず、心理的なストレスも背負わない。

健康づくりと同じ感覚で続けながら、将来「やっておいて良かった」と思う日を楽しみに、コツコツと経験を積み、腕を上げていく。

人生トータルで勝ち越せばいい。

投資とは本来、これくらい地道なものだと私は思います。

ちなみに、ヘッジファンドのアナリスト達はもちろんそれが本業ですし、成績が悪ければ来年は職がない、というプレッシャーと毎日向かい合い、必死でα（インデックス以上の利益）を追い求めています。ですから彼らが実際に行っていることはあまりにも複雑で、使用するソフトや情報源も多岐にわたりかなり高額です。そこで、個人投資家である読者の皆さんが使いやすそうなツールを私が考案し、紹介しています。ダウンロードして使えるよう、情報をまとめました。

ツールの操作に慣れない人は、誌面の説明だけではわかりづらいかもしれません。その場合は、私が毎週末、開催しているX（旧Twitter）のスペースを聞いてみてください。その週に注目の経済データや企業ニュース、米国株の展望を解説しています。今後はサブスク限定でライブ企業分析をしたり、講演会をしたりする予定です。またYouTube動画などでもフォローしますので、一緒にやっていきましょう。

なお、ヘッジファンドが得意とするバリュー株投資や空売りといった手法は複雑になるので、入門書である本書ではそこまで深掘りしないことにします。

【バリュー株投資】本来の価値よりも割安な状態の株をバリュー株（割安株）という。その割安株を買い、株価が上がったところで売って利益を得る投資法。

人生を豊かにする趣味として投資を勉強しよう

私はリーマンショック後に一時期、金融業界を離れて教職員免許を取り、公立高校の数学教師をしていた時期があります。ニューヨーク郊外で、荒れたクラスを担当したこともありましたが、生徒達は私を「センセイ」と日本語で呼んでくれ、慕ってくれました。「センセイ、どうしてる？」と今も連絡をくれます。

私が教師として心がけたことはシンプルです。重要なポイントだけに絞って、難しいことを簡単に、楽しく、わかるまで説明する。それと同じ志でこの本も執筆しました。

また、私はXとYouTubeを中心に投資に関する発信を行い、無料のオンライン投資サークルや、英会話サークルなどのコミュニティも主宰しています。仲間は約6000人。毎週末一般公開している投資ミーティングには毎回2000～3000人以上の方が聞きに来てくれます。いつも悩みや問題意識を質問してくれるので、日本の投資家の皆さんがつまずきがちなところも把握しています。

もともとこうした活動を始めたのは、私の両親が亡くなった時、2人とも金融資産が銀行預金だけだったことを知ったからです。**日本の金融リテラシーはまだまだ低い**のだと痛感し、微力ながらひとりひとりの金融リテラシーを上げることに貢献したいと強く思いました。“投資はギャンブル”だと思っている層は日本では未だに大多数なのではないかと思います。私の実の弟でさえ、「お金が減るとストレスになるから投資はしない」と言っています。

【金融リテラシー】 家計管理や生活設計などに必要な、お金や金融に関する知識や判断力のこと。

アメリカでの金融教育が十分だとは決して思いませんが、少なくとも私の娘は 18 歳ですでに株式投資を経験しています。お金のことを家族でオープンに話したり、投資に対して健全なイメージを持つ環境は日本より進んでいると思います。

ただ、投資とリスクは切っても切れない背中合わせの関係です。絶対に儲かる保証はありませんし、投資者の年齢や暮らしの状況、投資できる金額や投資の出口（何年後に現金化する必要があるか）、性格的なリスクの許容度（私の弟の場合、これが極度に低い）などによって最適解は複雑に変わってきます。ですから、投資に関しては「これが正解！」という答えはないのです。

でもこの本で紹介する投資スキルは、そのような複雑な状況に関係なく活用していただけます。なぜならこれは「言語を習う」ようなものだからです。金融知識、投資分析力はあなたが新しい言語を習得したら新しい世界が広がるように、知る、わかることによって今まで知らなかった世界に導いてくれます。その知識と投資力をどう使うかはあなた次第。ただ単に**お金儲けというより、人生そのものを豊かにする趣味のような気持ちで投資の勉強を始めて**もらえたら嬉しいです。

「こんなことまで知ってなきゃいけないのか……」

「あれ？　逆に、これについては覚えなくていいのかな」

そう思われることもあるかと思います。日本で出版されている投資の本と違う部分も多いと思いますが、ここに書いてあることをきちんとやっていけば、投資を楽しみながら資産を増やす力を付けることができます。そう、**一生使える投資知識、という新しい言語を学ぶのです。やってみたいな、と思った方は一旦私を信じてついて**

きてください。

その上で他の本や情報にもどんどん接して、最終的に自分に合う投資スタイルを見つけていただければと思います。投資の仕方や考え方は十人十色です。全て正解になり得ますが、自分に合わなければ、どんなに素晴らしい方法でも不正解です。自分のスタイルを見つけるベンチマークとしても、この本は役に立つはずです。

コアのインデックス投資はいってみれば「散歩」のようなものです。散歩も大変良いものですが、「毎日、散歩だけではつまらない」「もっと遠くに行ってみたい」という人はランニングや山登りを始めたりします。はたから見ると「なぜ、わざわざ辛いことを？」「そんなリスクを冒してまで……」と思うかもしれませんが、やっている本人達はとても楽しそうではありませんか？

新しい仲間もでき、どんどん力が付いて、未知の世界が開けていくのは、子どもの頃に夢中になった遊びのように純粋なワクワクがあります。散歩だけを続ける毎日とは、明らかに次元が変わります。

まず、時事ニュースを見る目が変わってくるでしょう。グローバルな出来事が日常になります。自然に英語力も上がります。芋づる式に好奇心が湧いて、政治と経済のつながりや社会の構造が見えてきます。

おかげで、話す内容も深みも変わり、話せる相手が増えます。つまり、人生の幅が広がります。

日々の仕事や活動に使えるヒントもたくさん得られると思います。何よりも、今までわからなかったことがわかるようになったり、できなかったことができるようになったりすると、自信が持てます。

米国株・ETF 投資で、知らなかった世界を見てみませんか。

～投資を始める前に読んでください～

投資というものは人の意見を鵜呑みにしてやると後悔するようにできています。自分で納得がいくまで勉強してから投資を始めてください。

この本に記した全ての内容は私個人の経験に基づく意見や、教科書的なセオリーであり、正しい論理や方法でも必ず例外は生じます。あくまで基本として参考にしながら、自分の考えで判断できるようになってください。

この本には「○○株に投資すれば正解」といった個別の情報は書いていません。よく「魚を与えるのではなく、魚の釣り方を教えよ」と言われるように、本書のスタンスも「投資の仕方・考え方」に対するアドバイスとしてまとめました。

CHAPTER 1

負けない投資とは

積み立てインデックスだけでは物足りない

積み立てインデックス(コア)+アクティブ運用(サテライト)

リスクと手間を最小限に抑えながら資産運用を続けていく積み立てインデックス投資は、初心者や、投資に時間を取られたくない人、あまりお金のことを考えたくない人に最適です。ぜひ続けましょう。

けれどインデックス投資は人が運転している車に乗っているのと同じです。目的地も通る道も全く自由が利きません。リーマンショック以降の米株指数は指数の黄金時代ともいえ、冒頭で述べたように、今後も同じような伸びが期待できる保証はありません。

「アメリカ経済は右肩上がりだから、S&P500 指数（以下、S & P500）に連動した積み立てインデックス投資をやっていれば安泰」と断言してしまっている書籍や投資アドバイスを見るたびに、私は危機感を覚えます。

アメリカに投資するのがダメだ、ということではありません。今後も世界経済を牽引するのはアメリカでしょう。ただ、**アメリカ経済にも世界経済にも停滞期は必ずあります。**

停滞期にインデックス投資だけに頼っていたら、自分も一緒に停滞するばかりです。投資のパフォーマンスがインフレ率に負けてしまうこともあるでしょうし、現金化するタイミングによっては積み上げてきた資産が目減りしてしまうこともあるでしょう。

どんな時でもおしなべて自分が期待する現実的なパフォーマンス

【米株指数】取引所全体や特定の銘柄群の米国株の株価の動きを示すために、個々の株価を一定の計算で総合して数値化したもの。S&P500 や NASDAQ、NY ダウなど。

に近づける。そのためにコアのインデックス投資に、自分の裁量でリターンを上乗せできるサテライト運用をプラスする。他人が運転する車に乗りつつも目的地や通る経路を運転手に少しアドバイスするようなイメージです。完全に他人任せではなく、ある程度は自分の裁量も取り入れてみる。特に、S&P500のような株価全体が高成長を続けた次のフェーズでは、個々人の投資の力が問われると私は思います。

図1-1：S & P500のチャート／1984～2024年

著者作成

【コア・サテライト運用】 運用資金をインデックス投資などの堅実な「コア（守り）」と、個別株などで積極的に資産を増やす「サテライト（攻め）」に分けて、資産運用すること。

S&P500の追い風は金利と高成長大型株だった

積み立てインデックス投資がもてはやされた最大の理由は、ドルコスト平均法で機械的に投資する、つまり「ほったらかし投資」でも着実に資産を増やせるという部分にありました。ですが、それは右肩上がりの成長が見込める場合に限ってのことなのです。

CHAPTER 2で詳しく触れますが、**一般的に、金利が下がると株価は上がります。株価とは将来に期待できるキャッシュフローに対する対価なので、たとえ将来のキャッシュフローが同じでも、金利が下がれば株の現在価値は高くなります。**

この図1-2を見るとわかるように**1980年代から40年間、金利はずっと右肩下がりでした。それがアメリカのインデックスファンドの追い風になっていました。**

図1-2：Fed Funds Rate（FFレート）1955～2024年

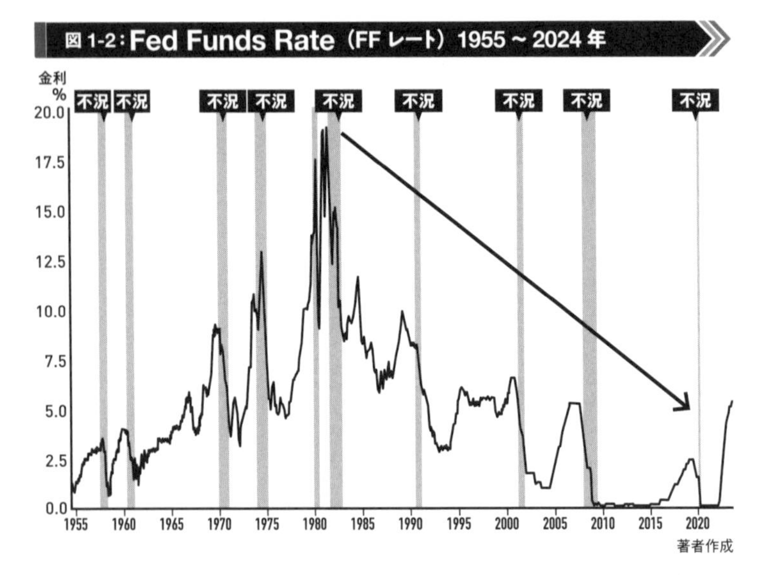

著者作成

【ドルコスト平均法】株や投資信託など、価格が変動する金融商品を、定期的に毎回同じ金額分継続投資する方法。毎回金額が同じなので株価が下がれば買付けできる株数が増える。

2022年と2023年のFED（米中央銀行制度）の金利引き上げで短期金利は5.25%まで上がりましたが、80年代は20%まで上がったのです。つまり今後、過去40年間のようなインデックスファンドという大型帆船を動かし続けていた右肩下がりの金利という追い風は、もう期待できないでしょう。

今まで米国株の根底に流れていた「金利低下」という海流はもう勢いを失いました。これからの金利は上がったり下がったりを繰り返す、潮の満ち引きのような相場になると思います。

つまり2022年のように金利が上がる時は多くの投資家は不確実な株を売り、より確実な現金や債権にお金を逃します。これがインデックスファンドのパフォーマンスを下げる逆風になってしまうのです。

ここで改めて、図1-3でS&P500の2024年1月時点での構成を見てみましょう。

図1-3：S&P500の銘柄構成／FINVIZのヒートマップ 2024年1月時点

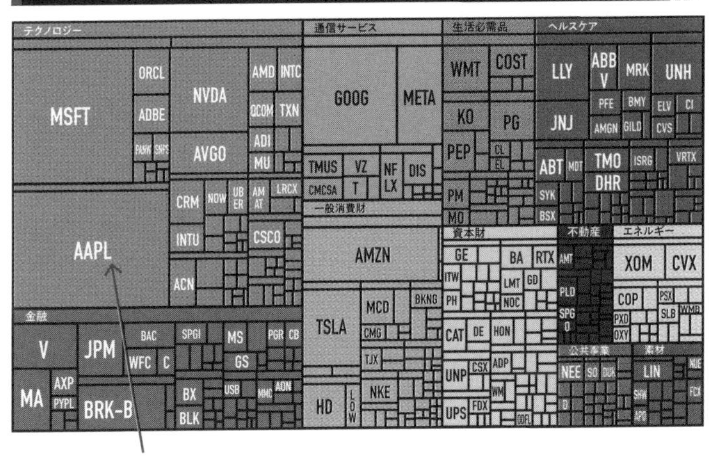

出典：FINVIZをもとに著者作成

【FED】Federal Reserveの略。連邦準備制度。米国の中央銀行。FRB（連邦準備理事会）がFOMC（連邦公開市場委員会議）を行う。FRBは全米12地区の連邦準備銀行から構成。

この図の箱の大きさは指数に含まれる各銘柄のウエイトを表しています。それをふまえて見るとGAFAM「グーグル（Google）＝現アルファベット（alphabet)、アップル（Apple)、フェイスブック（Facebook）＝現メタ（Meta)、アマゾン（Amazon)、マイクロソフト（Microsoft)」に、テスラ（Tesla）とエヌビディア（NVIDIA）を加えたマグニフィセント・セブン（マグ7）が約3割を占めていることがわかると思います。近年S&P500を押し上げたのは、インターネットとスマホ、電気自動車というテクノロジーの発展に乗った高成長大型株のおかげだったのです。

このうちインターネットとスマホの分野に関しては、すでに成長しきったという見方がされています。人間なら青年といったところでしょうか。今後も経済をリードするでしょうが、赤ちゃんから青年になるまでにぐんぐん大きくなるような成長は、今後は見込めないでしょう。

これらの超大型株がS&P500の3割を占めるということは、この7社の株価の動きでS&P500のパフォーマンスも大方決まってしまいます。

AIや機械学習などの新しい革命の種に対する期待で、2023年はまたマグ7が大きく株価を伸ばしましたが、そうした分野がS&P500のその他の企業業績を実際に動かし、経済を躍進させるような影響力を持つまでには、まだしばらく時間がかかりそうです。

【TOPIX】 東証株価指数。東京証券取引所に上場している銘柄を対象に、算出・公表している株価指数。日本国内で運用される投資信託のベンチマークとして多く使われている。

GAFAMを抜いたS&P500は TOPIXと変わらず

実は、S&P500からGAFAMを除いたパフォーマンスはTOPIX（東証株価指数）と変わらないと言われます。TOPIXといえば日本のバブル崩壊以降、30年以上も低迷が続いていますが、GAFAMの高成長が止まったらS&P500もそうなる可能性も少なからずあるわけです。

では、S&P500以外のインデックスファンドならどうでしょう。

S&P500に続く人気の「全米型ファンド」を構成する企業は約4000社です。こちらもその分散度から人気がありますが、実はその内訳（時価総額）は、S&P500の500社が約8割を占めています。図1-4を見るとわかるように、VOO（S&P500の代表格）とVTI（全米型ETFの代表格）のチャートを比べるとパフォーマンスにほぼ差がありません。13年もの長い間のチャートでも、線がほぼ重なって見えますね。

同様に人気のVT（全世界型ファンドの代表格）の構成は約8900社です。さらに分散が効いていますが、同様にその内訳（時価総額）は、全米型ファンドが約6割を占めています。図1-4を見ると、VTは、S&P500をかなりアンダーパフォーム（下回っている）していますが、やはりこちらもS&P500の動きにかなり連動しています。つまりは全世界型ファンドでも、米超大型株の株価の動きに大きく影響されていることがわかります。

【全米型ファンド】約4000の米上場株全てに投資する投資信託。全世界型がヨーロッパや新興国の株式なども含まれるのに対し、全米型は米上場株だけを対象にしている。

これ以外のインデックスファンドは成長率に対してボラティリティ（リスク）が高すぎたり、直近10年間で上記の指数連動ETFの成績が他のETFに比べて非常に良かったこともあり、「ほったらかし投資」の候補にはほとんど上がってきません。でもだからこそ勉強してポジティブα（S&P500の成績とその他の投資成績の差）を創造できるETFや個別銘柄に投資する醍醐味があるというものです。**時間と労力をかけるなら、米国株・ETFでアクティブ運用しコアのインデックスリターンのプラスαを狙うのがいい**というのが私の見解です。

図1-4：S&P500と全米型ファンドと全世界型ファンドのパフォーマンス

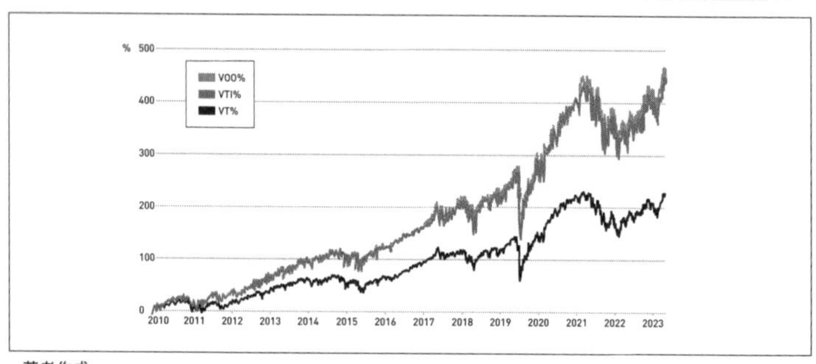

著者作成

再現性の高いアクティブ運用

積み立てインデックス投資をやめようというのではありません。引き続き積み立てインデックス投資をコアにしながら、米国株・ETFもサテライトとして混ぜていく。その結果、インデックスよりプラス1～2%のリターンを狙っていこう、という提案です。

株式投資には「高配当投資」と呼ばれる配当金目当てのものもありますが、複利を使った資産形成を目的にする場合は避けるべきだ

【ボラティリティ】価格変動の度合いを表す語で、リスクの度合いを言う時に使われる。「ボラ（ボラティリティ）が大きい（高い）」とは、価格変動が大きい＝リスクが高いことを表す。

と私は考えます。高配当株はすでに資産形成を終え、その資産が生み出す配当で生活する人向きです。個別株でも、かなり手間暇のかかるデイトレードや一攫千金狙いの集中投資も本書の範囲外です。為替トレードや先物取引、暗号資産といった投資もリスクコントロールが難しいので、「負けない投資」から外れると私は考えています。逆に金や不動産は「負けない投資」になり得ますが、それぞれ特有の勉強が必要になるので、マクロ経済の考え方は参考になるかもしれませんが、本書の内容はあまり応用できません。

地道な利益でも複利で差が出る

投資から退場せざるを得なくなるほど負けることなく、長い目でインデックスより1～2%の上乗せを目指していく。それが複利で大きな差になります。その1～2%の底上げができるかどうかは、各自の投資力次第です。投資を勉強することは、偶然のラッキーで得られるリターンよりも尊い一生ものの財産であると私は信じています。

金融庁の資産運用シミュレーター（https://www.fsa.go.jp/policy/nisa2/moneyplan_sim/index.html）を使って計算してみてください。

図1-5は、次の3パターンの利回りで運用した場合の、資産形成額の違いを示しています。毎月5万円の積立で年率6%で運用した場合、30年後に資産は5000万円まで積み上がりますが、もし8%で運用できた場合は7450万円、10%で運用できたら1億円を超えます。複利の原理で、たった2%の差が長期では大きな差になることがよくわかると思います。

【売却益】 株式を売却した際に発生する利益。譲渡益。日本国内では20.315%（2037年末まで）の課税がかかる（売却しなくても発生する配当金には別の税制が適用される）。

図 1-5：複利による、資産形成額の違い

【5万円を 6%の利回りで30年運用した場合】

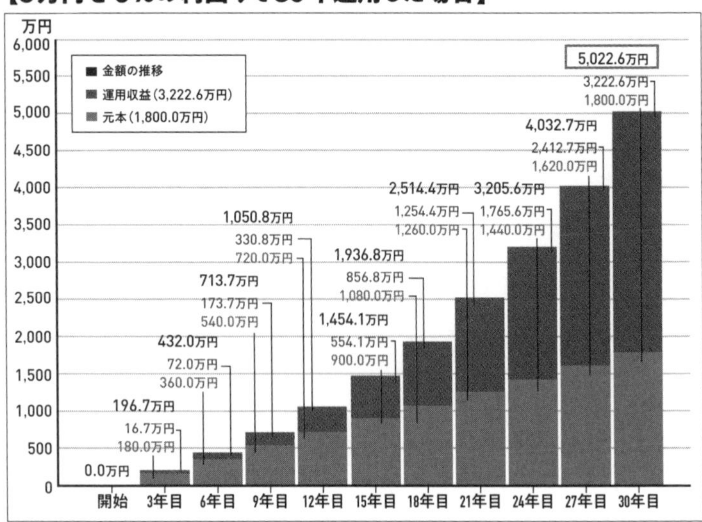

【5万円を 8%の利回りで30年運用した場合】

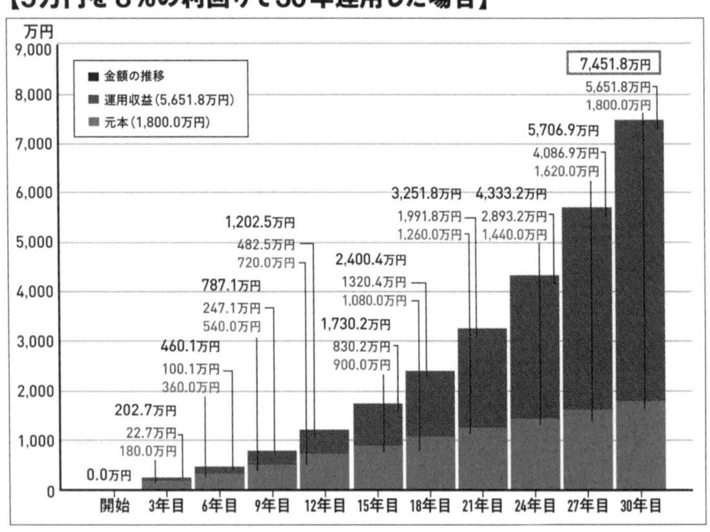

【複利】 運用で得た利益を元本に加えて再投資することで、運用資産が増えていく仕組み。投資元本がどんどん増えるので、長く預けることで指数関数的な効果が生じる。

【5万円を10%の利回りで30年運用した場合】

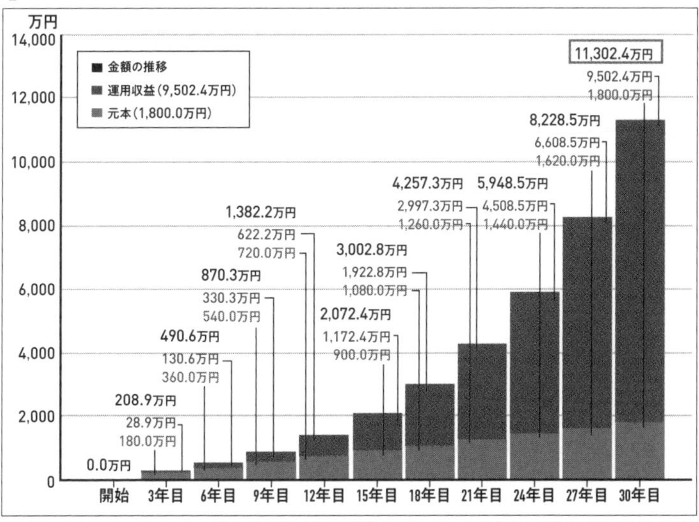

出典：金融庁「資産運用シミュレーション」を用いて算出（図1-6すべて）

【配当利回り】 現在の株価による投資額に対し、1年間に受け取れる配当金が何％かを示す。配当利回りが数％以上の株は高配当株と呼ばれ、相場が良くない時に人気になる傾向がある。

なぜアメリカ株に投資をするのか

経済が伸びている

なぜ、日本株ではなく米国株・ETFなのか。世界の他の国々ではなく、アメリカ企業への投資が良いのか。考えていきましょう。

基本的にどんな投資でも、投資先の業績が伸びることによって、私達はその恩恵に預かります。ですから当然、育つ企業に投資すればより高い成果が見込めます。

また、CHAPTER 2で説明しますが、個々の企業の株価の動きは、その国の経済にかなり影響されます。ということは、伸びる経済に属している企業が断然、有利になります。日本のように長年経済が伸び悩んでいる国は株が伸びている企業の数が少ないですよね？それと同じです。伸びている経済に属する企業の株は、追い風に押されるヨットのようなものなのです。

経済が育つ2大要因は「人口の伸び」と「生産性の伸び」です。残念ながら、日本を含むほとんどの先進国では、人口の伸びがかなり低いかマイナスになっています。イメージとして、

★（人口1%アップ）+（生産性1%アップ）=経済成長2%

★（人口1%マイナス）+（生産性1%アップ）=経済成長0%

となり、人口が伸びている国の経済成長を超えるためには、かなり生産性を上げる必要があるわけです。

【ビリオネア】個人資産10億以上の人。主に米ドルベースで使われるので、日本円に換算すると個人資産が1400億円を超える億万長者の意。アメリカには現在759人のビリオネアがいる。

ご存じのようにアメリカは移民国家です。おかげで今も人口が伸びていますし、これからもその状況は続くでしょう。

しかも、起業しやすい土壌が完全にでき上がっていて、**誰でもたった一代でビリオネアになれる可能性がある国であるため、世界中の優秀な起業家達がアメリカに集まってきます。**革新的なアイデアを携えて、貪欲に、がむしゃらに努力するハングリー精神の持ち主達が、競い合ってアメリカの株式市場に上場します。

アメリカという強い経済の流れの中で、競争を勝ち抜いて育つ企業が、さらにアメリカの経済を強固にしていく。そういう好循環が回っています。

さらに言えば、アメリカの大企業のほとんどが全世界を市場にして、世界各国でお金を稼いでいます。そのダイナミズムは日本企業やヨーロッパ企業の比ではありません。

前項で見たようにもしアメリカの経済が停滞期に入るとしても、アメリカ企業は世界のどこかの伸びている国を見つけてそこで貪欲に経済活動をするでしょう。だから世界の国々と比較しても、まだまだアメリカは有利なのです。

先進国である

人口の伸びや経済成長率で見れば、東南アジア、アフリカやインドなどといったエマージング・マーケットが気になるかもしれません。ただし、投資先として見た場合、為替の不安定さや、会計監査や各種ルールなど法整備の点でハードルがぐっと上がります。また、急成長する分、急激な衰退も懸念されます。

【エマージング・マーケット】新興国市場。中南米、アジア、東欧諸国などを指し、ブラジル、ロシア、インド、中国が代表格。高成長が期待されるが政治的不安定性など、リスクも大きい。

本書の目的は本業ではなく、あくまで趣味に近い形での個人投資家の投資戦略ですので、安全面から考えると、投資先はやはり先進国に絞られます。その先進国の中で人口が順調に伸び続けているのはアメリカとオーストラリアだけです。他の主な先進国は人口成長率がかなり減速、またはすでに減少に転じています。アメリカとオーストラリアの2国のGDPを比較すると、アメリカは世界1位、オーストラリアは12位。経済規模が圧倒的に違います。

図1-6：世界と先進国の人口成長率／2001～2021年

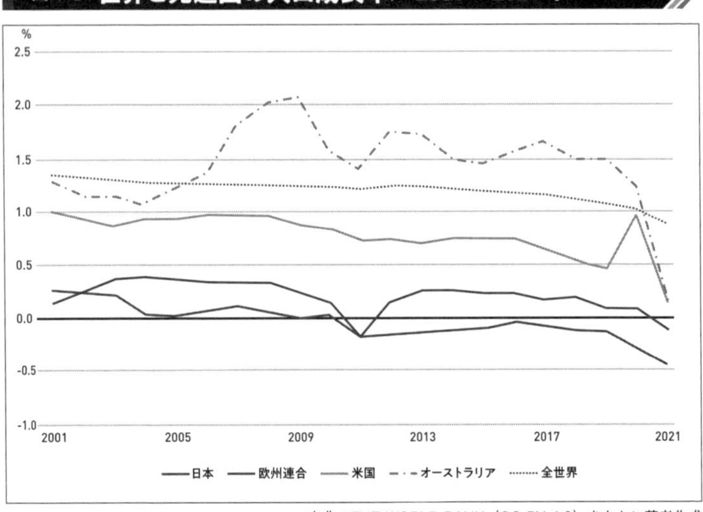

出典：THE WORLD BANK（CC BY 4.0）をもとに著者作成

【GDP】Gross Domestic Productの略。国内総生産。国内の経済活動から生み出される付加価値の合計額。GDPの増加は経済が成長していることを表す。

日本円を分散する

1989年末に過去最高となった日経平均株価は30年以上も更新されませんでした。もちろん、魅力的な企業や産業はありますし、そうした企業に投資するのは良いことです（本書の内容は日本株にも応用できます）。ただ、伸びる経済に属していない、という不利な状況で戦っていることは否めません。

さらに、図1-7を見るとわかるように、1970年代から1995年あたりまでのドル円相場はずっと右肩下がり、つまり円高に推移していました。

図1-7：ドル円の為替レート／1971～2024年

著者作成

これは日本のバブル崩壊前の長きにわたる経済成長が、円の価値を押し上げていたからだと思います。バブル崩壊後、ドル円相場は1ドル150円から1ドル80円の間を行ったり来たりしながら、30年間ほぼ横ばいで推移してきました。

【日経平均株価】 日本経済新聞社が発表する、東京証券取引所上場銘柄から選定した225銘柄の株価水準を示す指数。日本を代表する企業の株価の推移を過去に遡って見ることができる。

私個人の意見では、ドル円相場は今後もこの範囲を上下しながら推移すると思います。でも日本の経済成長率がアメリカのそれを長期で大きく下回るような状況になった場合、ドル円相場が30年の横ばいを終えて1ドル150円を恒常的に超える円安になり、長期では右肩上がりの為替相場になる可能性がないとは言えません。

円だけで資産を持つということは、円に集中投資しているということです。リスクを分散する意味でも、ドル建ての資産を持つことは賢明だと私は思います。

日本も高度成長と言われた時代は、活気ある投資対象として注目されていました。私は1991年にアメリカの大学に1年、学部留学しているのですが、その時のアメリカ人の日本に対する興味はとても高かったです。でも今は違います。

私は仕事柄、経済・金融をテーマにする勉強会や大規模な会議にも頻繁に出席していますが、そうした場で近年、日本が話題になることは稀です。2023年はカリスマ投資家のウォーレン・バフェット氏が日本の総合商社株を買い増したことがニュースになり、日本株は一時的に米投資家の間で注目されましたが、海外投資家間での日本株人気が長期で続くかどうかは疑問です。海外投資家は株価が上がっていれば注目しますが、停滞すればすぐに興味を失います。

日本はとても魅力的な国ですが、こと投資先としては、アメリカを除く他の先進国と同様にピークを過ぎた経済とみなされています。成熟した大人の経済と思うとそれも素敵ですが、**「育つ経済に投資する」という大原則に基づくと、投資家からはあまり歓迎されません。**もちろん日本でも急成長する個別企業はあると思いますが、海外投資家達がそれらの企業をリモートで分析するのは難しいことです。

【ウォーレン・バフェット】世界最大級の投資持株会社であるバークシャー・ハサウェイの筆頭株主、会長兼CEO。2020年、日本5大商社の株を各5％以上取得し、23年に追加投資した。

この本を読んでくれている、ということは、ほとんどの人がおそらく日本で仕事をして、日本円で収入を得ていることでしょう。貯蓄のほとんども日本円ではないでしょうか。

米国株・ETF に投資することは、自分のポートフォリオ（資産構成）の中で日本に対する集中度を分散することにもなるわけです。これは、S&P500 などのインデックス投資についても言えます。

為替は気にせずに

日本に住んでいる人がアメリカを投資先に選ぶということは、当然、為替が絡みます。日本から S&P500 連動のインデックスファンドに投資をしたり、米国株・ETF を売り買いしたりすると投資成績もついつい日本円換算で見ることが多いので、為替の影響は気になるでしょう。

円安のタイミングで、ドル建ての投資をすることを躊躇したくなる気持ちもわかります。

けれど、米国株・ETF を買ったり売ったりするタイミングを為替のタイミングで決めないほうがいい、というのが私のアドバイスです。長い目で見れば、**為替を気にして米国株・ETF 投資を始めないことの機会損失のほうがもったいない**と考えています。米国に投資した資産のパフォーマンスは円換算せずに、ドル建てで見る習慣をつけてください。私は円建ての投資は円で、ドル建ての投資はドルでリターンを見ています。

【ポートフォリオ】 保有する資産の構成のこと。現金、株、投資信託、外貨預金、不動産、金融派生商品、公社債、など、全ての金融資産を含む。株投資だけの部分をそう呼ぶ場合もある。

「ドル預金などのシステムを使ったほうがいいですか？」という質問もよく受けますが、私の考えでは「No」です。そうしたものを利用する場合は、手数料や、そのために調べたり考えたりする時間を上回る利益が得られるのかどうか、よく検討してみてください。

英語はできなくても大丈夫

「為替はいいとして、そもそも英語に自信がない」という人もいるかもしれません。米国株・ETFといっても日本の証券会社で取引するので、売り買いには支障はないでしょう。ちなみに、頻繁に売り買いするトレードではないので、時差もほとんど問題になりません。

ただし、投資を検討する際にはなるべく一次情報に接するほうが有利です。幸い、英語のウェブサイトを見るには翻訳ツールもどんどん進化していますし、動画の字幕も同様です。そもそも、投資によく出てくる単語は限られるので、だんだん目と耳が慣れて勘が掴めると思います。「ビジネス英語も身についてラッキー」と前向きに捉えていきましょう！　おすすめの情報ソースは、巻末にまとめています。

【ドル預金】外貨預金。米ドルなどの外国通貨建てで預け入れる預金。預け入れた外国通貨の金利を受けることができ、ほとんどの場合、円預金より高い金利が受け取れるが為替リスクが発生する。

プレイヤーと自分の実力を把握する

株価は最も正確な市場参加者のポル

株価は国のマクロ経済に影響される部分が非常に大きいですが、一方で「株価や出来高は市場参加者の最も正確なポル」とも言われます。ポル（poll）とは選挙の世論調査のこと。「株価は市場参加者の意見を反映して上がったり下がったりする」というのがこの言葉の意味するところです。市場参加者とは株を売ったり買ったりする人のことで、株式投資を始めると、皆さんもその１人になります。

ただ、株の場合は選挙と違って１人１票ではありません。株に投資する額で影響力が変わります。そこには百戦錬磨のプロもいて、初心者だからといって特別なルールは適用されません。言ってみれば、世界トップのスポーツ選手とアマチュアの愛好家が同じフィールドに立つようなものです。

投資を始める前に、「市場参加者にはどんな顔ぶれがいるのか」「影響力を持つのはどんな人達か」ということを知って、自分の立ち位置を確認しておきましょう。

大きく分けると、機関投資家（企業）、超富裕層（個人。ただしプロ、またはプロレベルのリソースのある個人が運用）、リテール（個人。自分で運用）に分かれます。

【マクロ経済】マクロは「巨大な」の意で、経済社会全体の動きのこと。反対に、ミクロ経済は個人や個別企業を最小単位として、その意志や活動などで狭い範囲で経済分析を行うこと。

機関投資家

機関投資家は、主に「年金運用会社」「投資信託会社」「国」「学校（大学など）」「ヘッジファンド」などの形態があります。機関投資家とは要するに他の人のお金を預かって運用する機関です。

気づいてなかった、という人もいるかもしれませんが、政府も、年金基金も、学校も、それぞれ投資をしてお金を増やしています。なるべく危険を冒さず、中長期的なスタンスで、負けない投資をしようと努力しています。

私が経験してきたヘッジファンドも同様です。プロは負けが許されませんし、負ければ選手交代（つまりクビ）です。それを避けるために、アナリスト達が徹底的に投資先を調査・分析してポートフォリオマネージャーにプレゼンし、決まった方針に従ってトレーダーができるだけ安く買ってできるだけ高く売り、負けないようにしています。そのエッセンスをCHAPTER 2以降で紹介していきます。

上記以外に皆さんも聞いたことがある機関投資家の種類で「ベンチャーキャピタル」「プライベートエクイティ」「エンジェル投資家」などもありますが、これらのファンドや投資家は上場していない企業に投資します。よってこの本の趣旨からは外れます。

富裕層・超富裕層

超富裕層は機関投資家と違い、自分のお金を投資します。他人のお金を預かって運用すると、たとえ少額でも定義上は機関投資家になります。

【ポートフォリオマネージャー】 一般的には、特定の資金の運用者のこと。預かった顧客の資産を適切な方法で投資・運用し、収益を上げることを目的につとめる。

アメリカでは個人資産が10億円あたりまで育つと大抵の場合、プロを雇って資産運用を委託します。その資産運用を企業で請け負うのが「プライベートバンク」、個人で担当するのが「インディペンデント・ウェルスマネージャー」です。

さらに資産額が25億円くらいまでになると、「マルチファミリーオフィス」という組織や「アウトソースドCIO」と呼ばれる個人または企業が、カスタムメイド的に資産運用を請け負うケースが増えます。

個人資産50億円、100億円を超える資産を持つ超富裕層は「シングルファミリーオフィス（SFO）」を作るケースが増えます。これが私の現職です。SFOは要するにお抱えのヘッジファンドです。ただ他のヘッジファンドと違って、他の人のお金を運用しないのです。その超富裕層のクライアントの資産状況を常に把握して、その家族のためだけの適正なポートフォリオを提案し、投資先について精査してアドバイスを行い運用します。

SFOは各家族のニーズにフレキシブルに対応しますので、その形態は様々ですが、税金対策、相続ストラテジー、子や孫世代の金融教育などにも携わるSFOが多いです。また、SFOを設立した超富裕層家族のメンバー達がSFOの社員になるケースもよくありますが、その場合、家族以外のプロも社員に雇う場合がほとんどです。

リテール（一般層）

これらの組織の高い手数料を払ってプロを雇っても、手数料のもとが取れない資産額の個人、あるいは富裕層でも自分で資産運用したい個人は、自分で自分のお金を投資します。こうした個人投資家は「リテール」と呼ばれます。

【資産運用】 預金や貯金でお金を貯め利子を得たり、株や債券、貴金属などに投資して資産を増やそうとすること。

リテールの中には「専業投資家」と「兼業投資家」がいます。

専業投資家は、投資の利益だけで生活している人です。手法もスタンスも様々で、1日の間に株を売ったり買ったりする「デイトレーダー」や、1～2週間から2～3ヶ月のサイクルで売り買いする「スイングトレーダー」などはテクニカルを重視しますし、1～5年で売り買いする「中長期トレーダー」は企業分析を徹底的に行います。私も専業投資家の話を聞いたりしますが、いわゆる「不労所得」というよりフルタイム（しかも、かなり残業あり）というイメージです。才能と努力と多額のお金を動かす度胸が必要で、これを長く続けるのはかなり狭き門でしょう。

兼業投資家は、他に仕事を持ちながら投資をする人達です。それにも大きく3種類あって、そのうちの**「コア・サテライト投資家」を目指そうというのが本書**です。

コアを持たずに、サテライトだけに特化するのが「兼業集中投資家」です。私の知り合いで、兼業なのに100万円を10年間で10億円近くまで増やした強者がいますが、こうした成功者は本当に稀な存在です。

成功者が1人いる陰で、大失敗した人が9999人泣いているような確率です。

コア100％という人も、もちろんたくさんいます。本書を読んで「やっぱり自分は積み立てインデックス投資だけでいい」という結論に至ったとしても、それも正しい選択の1つです。

専業投資家には才能が必要と書きましたが、才能とは「それを面白いと思うかどうか」だと、つくづく思います。私からすると、専業投資家の没頭ぶりも、兼業集中投資家のハラハラドキドキも本当

【スイングトレーダー】 2～3日、数週間など、比較的短期の保有期間で株の売買をする取引方法。

に大変そうに見えますが、ご本人達は心底楽しそうです。

冒頭で「趣味のような気持ちで投資の勉強を始めませんか」と書きましたが、コア・サテライト運用をやってみて、楽しいと思えなければ、コア 100％で続けていくというのも立派な結論です。

けれど、何事もやってみないと自分に合うのかどうかはわかりません。**投資を勉強してみたい。インデックスだけのほったらかし投資だけじゃ物足りない。インデックスよりも上のパフォーマンスを狙いたい**という気持ちがあるのなら、本書の内容を一通り試してみて、合う部分は続けていただき、合わないところは他の本の方法を取り入れる。試してみた後で、楽しければ続ける。やはり合わないなと思ったらコア 100％を貫く。そんなふうに自分のスタイルを確立していってもらえたらと思います。

自分のスタイルを明確にするために、まずは一通り試してみる

- **投資は世界トップレベルのアスリートと、アマチュアが同じフィールドに立つようなもの。**
- **自分の立ち位置を把握して、試しながら自分に合った投資法を模索する。**
- **コア・サテライト運用が楽しくなければ、コア100％でやっていく結論もある。**

一般層としての強みを活かす

一般層にも強みがある

市場参加者の顔ぶれを知って、「巨額の資金を動かすプロと同じフィールドで投資するのか……」「ハンデなしで勝てるわけない」「カモにされたらどうしよう」と怯みそうになったかもしれませんが、むしろ、プロから見ると個人投資家のほうが有利な点もあるのです。

ぜひ個人投資家としての強みを自覚して、これからの投資に活かしてください。

長期投資ができる

アーク・インベストメント（Ark Investment）のキャシー・ウッドさんは日本でもよく話題になっています。57歳で自らETF投資管理会社を立ち上げ、日々、トレードの状況を公開するというポリシーを貫いているので、一般の皆さんにもプロの手腕とプロの大変さが垣間見えることでしょう。成績が良ければ脚光を浴び、下がるとひどく叩かれます。

キャシーさんに限らず、プロはこのようなプレッシャーに常にさらされています。成績が悪い時にも自分の考えを貫いて投資を継続するのはとても難しいことなのです。

投資の基本として **“TIME IN the market is more important than TIMING the market.”** という言葉があります。

【アーク・インベストメント】 2014年、投資家のキャシー・ウッドが設立した資産運用会社。破壊的なイノベーションを引き起こすであろう企業に注目・投資し、現在9つのETFを運用している。

「相場の上げ下げを見て売ったり買ったりするよりも、長く投資を続けていくほうが有利だ」という意味です。個人投資家は、この有利な長期投資を自分の裁量でハンドリングしていけます。短期で売り買いしたものを、また買い直したりして、結果、長期投資になるというケースもあるでしょう。上手にリスク管理しながら、投資から撤退しないですむように、長く投資を続けていけば、最終的に勝てる可能性は高まります。

毎月のパフォーマンスを気にする必要がない

なぜ、個人投資家は長期投資がしやすいかというと、1ヶ月単位で成績を出さなくてもいいからです。

プロは実際にお金を出している投資家に対して、毎月パフォーマンスを報告します（上場会社に投資している場合。非上場企業に投資する場合でも四半期ごとに報告します）。成績が下がると電話がガンガンかかってきて、「投資している資金を引き上げる」なんて言われてしまうのです。このプレッシャーを想像してみてください。

そこでプロは報告前になんとかリカバーしようと躍起になります。すると……焦れば焦るほど必要以上のリスクを取ったりして、プロらしからぬトレードに走り、かえって墓穴を掘ることも少なくありません。

毎月のパフォーマンスを気にする必要がないのは、個人投資家だけに許される大きな強みです。だから、勝ちを急いだり、大きすぎる期待をしたり、欲を出しすぎて、負け戦をしないでください。

【パフォーマンス】 投資における、運用成果や運用実績。または過去の価格の動きのこと。パフォーマンスは主に、ベンチマーク（目標指数）との比較で評価される。

地合いがいい時だけの投資が可能

人のお金を預かって手数料をもらうのがプロですから、「今は投資をしない」という選択肢はありません。相場の様子（地合いといいます）が悪い時にも「今は不利だから、全て現金で持っていよう」というのはほとんどの場合許されないのです。

ヘッジファンドではそれが短い期間なら可能なファンドもありますが、いつまでも現金あるいは短期債券ばかり持っていると、「それなら自分でできる」とファンドを引き上げられてしまいます。**地合いが悪ければ、悪いなりに資産を増やす方法を探すのがプロ**に課せられるミッションです。

「今は投資しない」「何も売り買いしない」というのも大事な投資判断です。サテライト運用を始めたからといって、常に売り買いしなければいけない、というルールはありません。一旦観客席に退いて、試合の状況を冷静に見ながら作戦を練り直す。そういう自由もあるほうが勝てる確率は高まります。

集中投資をしても値段が動かない

機関投資家は何百億円という単位で、１つの銘柄に投資することも珍しくありません。それだけの額を売り買いしようとすると需給のバランスが崩れるため、株価が自分達にとって不利に動いてしまいます。そうならないように時間をかけて分散しながらトレードしますが、それもまた、買いたい値段で買えなかったり売りたい値段で売れなかったり、というジレンマを引き起こします。

【地合い】 市場の中に流れるムードのこと。「地合いが悪い」時は、良いニュースがあっても株価がほとんど反応しない、悪いニュースがあればとことん下がるような雰囲気がある。

個人なら、そんなことにはなりません。**買いたい時に買いたい分だけすぐに買えますし、失敗した！　と思ったらすぐに売れます。これはかなり大きな個人投資家の強み**です。

個人投資家の不利な点がなくなった

昔は、プロの投資アナリストが企業に直接コンタクトをとって投資判断に必要な情報を得ていました。今はそれが禁止になり、プロと個人の間の情報の垣根がかなり低くなっています。

公開される情報も、ひと昔前までは月に何十万円も払うか、かなり手間をかけないとアクセスできなかったものが、今はほとんどが無料で、誰でも瞬時に必要な情報を手に入れることができます。

さらに、以前は株の取引手数料が個人投資家には高く設定されていました。投資する金額が少ないために、投資額に対する手数料の割合が高かったわけです。

私が個人で投資し始めた1990年代は1トレードにつき30ドルほどの手数料がかかったことを覚えています。それがオンライントレードのおかげもあって、今はタダ同然で取引できるようになりました。

このように情報という点でも、手数料という点でも、個人投資家にとって不利になる要素がなくなったのは、大変喜ばしいことです。もちろん、知識や技術の差はあって当然です。それは、この本を入り口にして勉強を続け、差を縮めていきましょう。

ちなみに、日本から米国株・ETFに投資するためには、日本の証券会社を通すことになります。

【短期債券】償還期限が1年以内の債権のこと。一般的には、額面を下回る価格で発行され、途中での利払いなく、満期時に額面金額で償還される。

米国株・ETFの取り扱い数が多いこと（自分が投資したい銘柄を扱っていること）を判断材料にして、必要なら複数の証券会社に口座を持つのもいいでしょう。取引手数料が安いことではネット証券が有利です。ネット証券と特別提携して有利な条件で口座開設ができるキャンペーンを私がすることもありますので、ぜひ私のXやYouTubeをチェックしてみてください。

一般層の強み

- **自分の裁量で長期投資ができる。**
- **毎月のパフォーマンスを気にしなくていい。**
- **地合いがいい時だけの投資ができる。**
- **値を動かさずに買いたい時に買え、売りたい時に売れる。**

株式投資成功者の共通点

株で成功する人、失敗する人

投資は必ずリスクを伴います。リターンへの期待値とお金を失うリスクは相関しています。そんな同じ前提・ルールで投資をするのに成功する人と失敗する人がいます。

その**明暗を分けるのは、能力の差でも、投資金額の差でもなく、これから書く投資の心得を知っているか**どうかが大きいと私は思います。実際に投資する段階で迷ったりブレそうになったりしたら、このページを何度でも読み返してください。

コアとサテライトをしっかりと分ける

この本で説明する投資は、コア・サテライト運用のサテライトの部分です。積み立てインデックスのような比較的ボラティリティの低い投資をベースにして、一部をサテライトとして米国株・ETFに投資します。その比率を決める方法については、210ページを参照してください。

決してコアとサテライトを混同してはいけません。積み立てインデックス投資だけをしていたほうが、統計的には勝率が高いことを忘れないでください。

何度も言いますが、全ての人がサテライト投資をする必要はない

【リターン】 投資をして得た利益のこと。一般的に利益を元本で割った利益率で表現する。

のです。サテライト投資はあくまで時間をかけて、趣味のように楽しみながらインデックス＋αのリターンを求める投資に挑戦してみたい人向けです。**サテライトの投資をする多くの人がなぜ負けるのかというと、積み立てインデックス投資と同じ感覚で「ほったらかし」にしたり、よく勉強せずに投資するから**だと思います。サテライトの投資は勉強が必要です。まずはこの本の内容をしっかり理解して、実践してみてください。

一攫千金を狙わない

サテライトの投資には勉強が必須。これは間違いないのですが、かといって、しっかり勉強すれば必ず勝てるものでもありません。**投資は“It's more art than science.（科学以上に芸術）”**だからです。緻密に調べて予測する「科学」を上回る、予想外で答えのない「芸術」が絡みます。だから投資を長くやっている人ほど「株は難しい」と言うのです。

こんな不確かなものに全財産を投じたり、これで一気にお金持ちになれるという過度な期待はやめましょう。宝くじに全財産を賭けたり、賞金暮らしを夢見て毎週宝くじを買い続けたりするのと同様に、現実味のないことです。

稀に何年も連続で資金を毎年2倍にするような異常な天才がいますが、そういう人は特異な才能と、人並外れた努力、桁外れの度胸の全てを備えています。異常な天才でも、元手の100万円が2倍になったとして、利益は100万円です。数千万円、数億円と資産

【為替トレーディング（FX・Forex）】異なる２つの通貨（米ドルと日本円など）を交換する取引のこと。1ドルを100円で購入し、1ドル150円（円安）の時に売却すれば50円の差益が得られる。

を築くにはレバレッジをきかせる必要があります。

レバレッジとは、例えば100万円の元手で100万円分の株を買い、その株を担保にお金を借りて、100万円分以上の投資をすることです。リスクを承知でするのならそれはその人の考えですが、甘い夢を見て真似するのは危険です。

こうして一攫千金を狙って株を始める人のほとんどがお金をなくして退場します。デイトレードや為替トレードを始めた人の約９割が５年以内に辞めているとよく聞きます。

私のＸにも時々、「信用を使って為替をやり借金地獄になってしまったので、必ず倍にして返すから、お金を貸してくれないか」というようなDMが届きます（もちろん貸しません）。長い目で見て成功する人は株への期待値が現実的です。サテライトでインデックスよりもプラス１～２%得るのは、実はすごいことなのです。それも、当然得られる“給料”というより、頑張った人だけがもらえるかもしれないボーナスのようなものです。

１つ１つのトレードの勝ち負けにこだわらない

「負けない投資」とは、「百戦百勝」ということではありません。「トータルで勝ち越す投資」です。

実はプロでも、勝って利確するか負けて損切りするかは、五分五分の成績です。勝率６割という人は滅多にいません。５割５分勝てればかなり上手なプレイヤーだと言われます。むしろ「勝ちたい」「勝率を上げたい」という感情が冷静さを失わせます。

【利確】含み益が出ている株を売却し、利益を確定させること。

勝っている株はそのまま長く持ち、負けている株は「これは私が間違えたな」と思ったらすぐに手仕舞うのがプロの鉄則です。例えば、勝率が５割でも、負けたトレードは取得単価の10％減で損切りし、勝ったトレードは20％上がったところで利確していれば、トータルで勝ち越しになります。

ところが、「勝率」にこだわる人は、勝っている株は育つ前に利確してしまい、逆に、負けている株は戻ってくることを期待してずるずると持ち続けて損を大きくするので、トータルで負け越してしまいます。

１年ごとの勝ち負けにこだわる

１つ１つのトレードの勝ち負けにはこだわらず、１年単位でポートフォリオ全体が増えているかどうかをチェックするようにしてみてください。

例えば、「毎年１月１日に勝ち負けを決める」などと自分で設定して、そこで勝ち越すことを目標に、途中で状況を見たり、必要なら損切りして挽回の戦略を練ったりしていきます。

勝ち負けを決めるといっても、やはり取得単価にこだわりすぎる必要はありません。例えば、S&P500が15％下がった年に自分のポートフォリオの下げが８％だったなら花丸合格です。

【損切り】購入時より株価が下がったり、値上がりしなかったりした場合に、損失を覚悟のうえで売却し、損失を確定させること。

地合いが悪いと思ったら平気で6ヶ月〜1年投資しない

前述したように、地合いの悪い時に投資しなくていいのは個人投資家の特権です。

賭博の言葉で「見(ケン)」というそうですが、サイドラインに立ち、様子を観察して、勉強を続けながら、タイミングが良くなったら参加できるように準備をする期間も持ちましょう。

逆に「常に投資していないと不安だ」というのは「ポジポジ病」、「今、買わないとチャンスを逃すのではないか」という焦りは「FOMO(Fear of missing out)」といって、ともに**投資成績を落とす"感情による病"**です。

ちゃんとしっかり勉強をする

"It's more art than science."である限り、投資に絶対はありません。最初のうちは負けが続くこともあるでしょう。けれど勉強すればするほど、分析すればするほど、負けの確率は下がります。

勉強して、分析して、実際に投資の経験を重ねる人が上手になります。

成功者の共通点

- **投資の心得を知っている。**
- **コアとサテライトを混同しない。**
- **一攫千金を狙わない。**
- **1年ごとの勝ち負けを重視する。**
- **地合いが悪い時は投資しない。**
- **勉強をする。**

【FOMO】 Fear Of Missing Outの略。「取り残される恐怖」の意。株を買っていないと、相場上昇に取り残されるのではないかという恐怖。

投資初心者からの脱出法

投資はスポーツみたいなもの

この本を読んで株や投資についてイメージが変わった人も多いと思います。「意外と地味だな」という印象を持ったなら、私の意図が正しく伝わったことになります。

コアの積み立てインデックス投資が散歩なら、サテライトの米国株・ETF 投資はスポーツです。トレーニングなしでフルマラソンが完走できないように、株も突然始めていきなりうまくはいきません。本を読んだだけでは会得できないのもスポーツと同じです。実践が必要です。

実践といっても、練習試合と本番も違います。実際にお金を使わずに株の練習買いができるウェブサイトもありますが、やはり実際に自分のお金を使ってみないとわからないこともたくさんあります。それが主にメンタル（感情）の影響を受けるという点も、スポーツとよく似ています。

米国株・ETF 投資を始めるということは、投資初心者から１つ上の中級者のチームに入るようなものです。

初心者チームが悪いわけではありませんが、上のチームにしかない醍醐味やメリットもあります。良かったら一緒にトレーニングをしていきましょう。

【練習買い】デモトレード。仮想の資金を使って、実際の株価で株投資のシミュレーションを行うこと。

魔法の法則とか必ず勝てる方法は無いことを心に銘じる

脱・投資初心者の入団テストがあるとすれば、「自分で判断しようとするか」が選考のポイントです。投資には魔法の法則とか必ず勝てるといった方法はありません。**基本やセオリーはあるので、それはじっくり説明します**が、私が教えられるのはあくまで科学の部分です。

それもあって、私は「○○の株を買えばいい」とは言いません。意味がないからです。意地悪でも不親切でもなく、買うタイミング・売るタイミングがずれると、同じ結果にならないのです。

52ページの図1-8のテスラ株のチャートを見てください。同じ株でも2022年1月に買って2023年1月に売った人と、2023年1月に買って2024年1月に売った人とでは、明暗がくっきり分かれますね。同じ株でもどこからどこを切り取るかによって勝ちにもなれば負けにもなります。

もっと短期間でも同じです。私は自分がトレードする前に「この株を○ドルあたりで買う予定です」とライブ配信で言ったりすることはありますが、それを参考に投資したフォロワーさんの報告を見ると、決して同じパフォーマンスではありません（私だけが良いとは限りません。実際、フォロワーさんのほうが私より良いこともよくあります）。

この本では「○○の株を買おう」とは書きません。その代わり、自分で判断できるようになる方法や判断材料の基準をたっぷり伝えます。

【テスラ】電気自動車やクリーンエネルギー関連事業を幅広く展開するアメリカの企業。イーロン・マスク氏がCEO。

図 1-8：テスラ株のパフォーマンス 2022 ~ 2024 年

著者作成

2022 年 1 月に 360.12 ドルで購入し、2023 年 1 月に 110.51 ドルで売却した場合と、2023 年 1 月に 110.51 ドルで購入し、2024 年 1 月に 248.42 ドルで売却した場合。前者は大きく損失を出し、後者は 2 倍以上の利益を得たことになります。

【チャート】過去の株価の動きを記したグラフのこと。移動平均線でトレンドを見たり、テクニカル分析の指標を加えたりして今後の株価の動きを予想分析する。

投資の仕方は千差万別。自分のスタイルを模索する

投資は100人いたら100通りのやり方・考え方があります。どれが良い悪いではなく、「どれが自分に合うか」です。誰かに合う手法が自分に合うとは限りません。

有名人が成功したから、友達が儲かったからといっても費やせる時間や投じる金額、思考の癖、度胸やストレス耐性など性格によっても「合う、合わない」は変わります。

大事なのはどの投資法を使うかではなく、誰がその投資法を使うか、です。この本の投資の考え方は世界的にスタンダードなものではありますが、この本以外にもたくさん本を読んで、実際に投資をして、いろいろ試しながら自分に合った方法やルールを見つけていってください。そうなれば、自他ともに認める中級者です。

常に自責。失敗から学べれば失敗は損じゃない

スポーツの試合が始まったら、コーチや監督は見守ってアドバイスすることしかできません。プレイするのは本人です。優秀な選手ほど負けても人のせいにはしません。**常に自責。そのスタンスが、自分を育てます。**投資もまったく同じです。結果を自分の責任として背負える人が、上達していきます。

しかも、スポーツの試合は、たいていレベル分けされていますが、投資はいきなりプロと同じフィールドで戦います。手加減はありません。

初めはどうしても負けるでしょう。けれど、それは勉強代として、長い目で「自分への投資だ」と考えることができます。

【自責】 問題が起きた時に、他者ではなく自分に原因があるとする考え方。間違いを繰り返さないためには必須の考え方。

投資は自分で判断して、自分の方法やルールを模索して、試行錯誤を続ければ必ず上達します。思考停止で、人に言われたことやどこかで見聞きした情報を頼りにトレードするのとは雲泥の差がつきます。なぜなら、他責で人の言われるままにトレードしても自分の意見ではないので、なぜ失敗したのかの見当がつかず、失敗を次に活かせないからです。たとえ１つのトレードで負けたとしても、それを次に活かせばいいのです。その方法も CHAPTER 5 で紹介します。

自分で決めたルールが守れるようになったら初心者卒業

投資で負ける最大の要因はなんだと思いますか？　感情です。「儲けたい」「損したくない」「こうなったら嫌だ」そんな感情にふりまわされてトレードすると、プロでも良い結果は出せません。

もちろん、感情は湧いてきます。私だって同じです。それに飲み込まれないためには、「こうなったら買う」「こうなったら売る」といったプランを自分で決めておくしかありません。

決めたとしても、実際に投資を始めると、不安と恐怖と欲が入り混じって、それを守り抜くのは思っている以上に難しいことです。

自分が決めたプランを冷徹に守れるようになったら本当の意味で初心者卒業。まずはそのプランの決め方から学んでいきましょう。

初心者脱出法

- **絶対に勝てる方法はないことを知っている。**
- **常に自責思考で、失敗から学ぶ。**
- **自分のスタイル、ルールを守る。**

CHAPTER 2

株の動きの8割はマクロで決まる
（マクロ分析）

マクロ経済を使って株の動きを予想する

マクロ分析とミクロ分析

投資は“It's more art than science.” どんなに時間をかけて分析、勉強しても確実に勝てる方法が見つかるわけではありません。言うなれば、「人事を尽くして天命を待つ」といった心境です。

全てを見通して、コントロール下に置くことはできません。けれど、天命に任せるのは、自分の能力で可能な限りの分析や予測をした後のことです。そうでなければ、大切なお金を100％運任せにするようなものです。

株式投資は、マクロ分析とミクロ分析を抜きにはできません。マクロ分析は経済や株式市場全体の流れを読むことで、ミクロ分析は各企業の業績などを研究するものです（ミクロ分析についてはCHAPTER 3にまとめます）。

株の大きな動きの8割はマクロ経済で決まると思え

「株の動きの8割はマクロで決まる」とは、私達金融業界のプレゼンで繰り返し言われる言葉です。8割という部分には諸説あって、4割という人もいれば9割という人もいますが、長い目で見た時に株価が経済全体のトレンドと一緒に動くという認識は皆、同じです。

【マクロ分析】経済社会全体を対象に、経済分析をすること。経済成長率や物価指数などで経済を数値的に捉え、景気動向などを判断する。

例えば、半導体メーカーのA社とB社があるとします。とても業績の良いA社の株価が10％上がる時、そこまで業績の良くないB社の株価も5％上がったりします。A社の株価が10％下がる時は、B社の株価も15％下がったりします。上げ幅や下げ幅は違っても、上がるか下がるかという動きは似ています。

この章では基礎的なマクロ分析とその活用を見ていきましょう。

FED（米国中央銀行）に逆らうな

マクロ分析の重要な鍵になるのが「金利」です。**“Don't fight the FED.（FEDに逆らうな）”**という言葉も、ぜひ頭に留めておいてください。

FEDとはアメリカの中央銀行（Federal Reserve）のことで、FEDの最高機関がFRB（連邦準備理事会）です。FEDは日本銀行に相当します。FRBがFOMC（連邦公開市場委員会）という会議を年8回開いて、政策金利を見直しながら市場にどのように介入すべきかを決めたりしています。

FEDがどれくらい利上げ（利下げ）をするかによって経済の流れが変わり、それに影響を受けて市場全体の株価も、個々の企業の株価も動きを変えます。必ずしも常にセオリー通りに動くとは限りませんが、株の行方を決める最も重要なヒントとして、投資家達はFEDの金利の見直しがくるタイミングも含めて、常に先読みしようと努力しています。

【ミクロ分析】家計や個別企業などの小さい範囲に焦点を当てて、経済分析をすること。マクロ分析の反意語。

金利が王様

金利が上がると株が下がる

この項で紹介するのは、アメリカ国債（10 年債）の利回りとS&P500 の P/E（日本表記は PER：Price Earnings Ratio= 株価を 1 株あたりの純利益で割った比率）を比較したグラフです（図 2-1)。10 年債の利回りが上がると S&P500 の P/E が下がり、10 年債の利回りが下がると P/E が上がるという相関性が一目瞭然です（コロナ禍のような極端な危機には、P/E と金利が一時的に同時に下がることがあります)。

ここで、なぜ 10 年債なのかというと、株価とは長期の業績成長を織り込むものなので、代替として 10 年間一定の金利がもらえる 10 年国債の金利と株のバリュエーションである、P/E を比べることが多いからです。

また、S&P500 はアメリカのトップ 500 社を代表するもので、株式市場全体の傾向を表すのに使われます。つまり S&P500 の P/E は米株市場全体のバリュエーションを示す指標として使われます。P/E そのものの解釈については、CHAPTER 3 のミクロ分析でまた説明しますので、ここでは金利と株価がこれほど影響し合っているということを確認してください。

【アメリカ国債】 米国財務省 (USDT) が発行する国債。信用力や流動性が高く、外貨準備金（外貨建て資産）の主要投資先となっている。また、米国債の金利、は長期金利の世界的な指標とされる。

図 2-1：S & P500 P/E vs 10 年債金利

著者作成

利上げ後はかなりの確率で不況になる

次は実際に、FED の金利の推移を見てみましょう。図 2-2 は FED が FOMC（連邦公開市場委員会）で決める短期金利（Fed Fund Rate）の変化です。

例えば、80 年代初期の頃は FED の金利はなんと 20％近くに引き上げられていました。その後、長い不況に入っています。不況の間、FED は金利を下げています。すると、不況が終わっています。

【短期金利】 主に償還期間が 3 ヶ月以内の債券の金利を指す。FED が決める FF レートは、米国の民間銀行が資金を融通し合う時に適用される 1 晩の金利で最短金利。

CHAPTER 1でも説明したように、1950年代から1980年代にかけては金利は右肩上がり、1980年代以降は右肩下がりなのがわかりますね。この約40年にわたる右肩下がりの金利が、株価の上昇を後押ししてきました。

図2-2のグラフ内のグレーの縦線は不況です。その期間、アメリカ経済がマイナス成長したということです。よく見てみると、グレーの線は金利の線が上がった後に来ていることに気づくと思います。これが金利が上がると不況が来ると言われる所以です。

1955年以降、不況は全部で10回ありました。その全てがFFレートが上がった後に来ています。利上げがあったのに不況が来なかったケースは数えるほどしかなく、1981～1982年の不況以降は1984年と1995年の2回だけです。だから「利上げがあると高い確率で不況が来る」と言われるのです。

図2-2：FFレートと不況の関連性 1995年～2020年

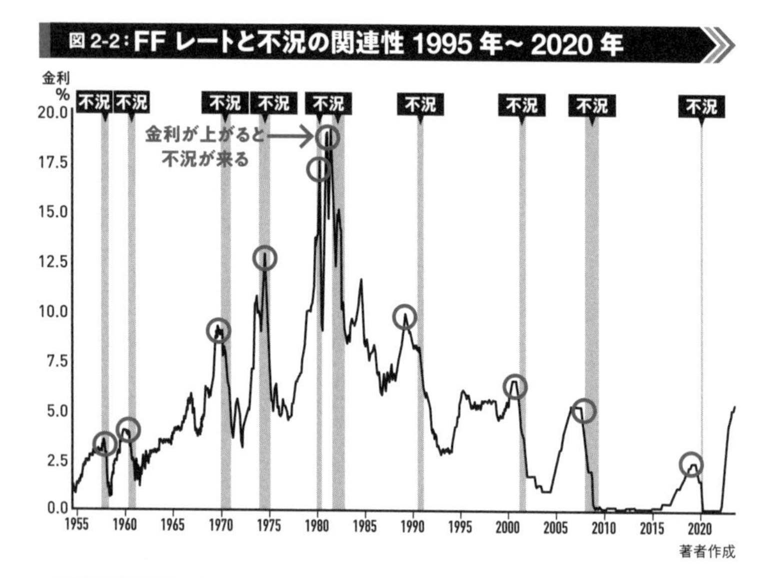

著者作成

【利上げ・利下げ】政策金利（FRBなどの中央銀行から、銀行がお金を借りる時の基準になる金利）を引き上げることを「利上げ」、引き下げることを「利下げ」という。

同じように全体を眺めてみてください。FEDが利上げをすると不況になる、不況になったら利下げをする、利下げをすると不況が終わる、好景気が続くと利上げをする、利上げをすると不況になる……と繰り返しています。そして不況になれば、企業の業績が悪化するので株価は下がります。よって、

★金利が上がる→不況になる→株価が下がる

★金利が下がる→不況が終わる→株価が上がる

という流れがイメージできます。

これをさらにイメージ図化したものが、62ページの図2-3です。

経済が成長し、加熱し始めるとインフレを抑制するためにFEDは利上げをします。利上げをすると景気の伸びが頭打ちになり、経済活動は収縮し始めます。それが進んで経済がマイナス成長すると不況です。不況になるとFEDは利下げを始めます。利下げをすると景気が底を打ち、上向きになります。ゼロ地点を超えてプラスに転じると好景気です。

１つ注目しておきたいのは、**一般に「好景気」とか「不況」と言われていても、景気の上昇局面にあるのか下降局面にあるのかで、まったく状況は違う**ということです。それによって投資判断も変わります。このように、投資を始めると、普段のニュースをもう一段深掘りして考えられるようになってきます。

【マイナス成長】 国内総生産（GDP）が前期比、または前年比と比べて減少すること。

図2-3：景気と利子率のサイクル

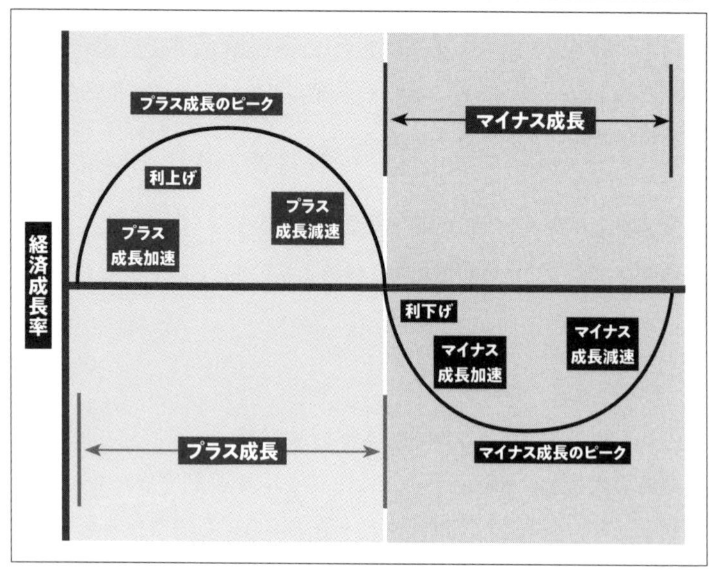

著者作成

インフレのコントロールがきかないと株価が下がる

「景気や株価のためには金利を上げなければいいのに」と思うかもしれませんが、景気が良いと今度はインフレの心配があります。インフレのコントロールがきかなくなると、経済は大ダメージを被り、株価も大幅に下がります。FEDはそれを避けようとしています。

想像してみましょう。景気が良いとたいていの企業の業績は良くなります。すると多くの人の給料が上がります。おかげで大多数の人が気前良くお金を払うようになり、物の値段が上がっても売れます。こうして全体の物価が上がり、結果インフレにつながります。

【インフレ】物価が上がること。インフレーション。

そのインフレが加熱しそうになる前にFEDは利上げをします。これが、銀行がお金を貸す時の金利に影響し、企業も人もお金を借りづらくなります。すると、お金が回らなくなって、経済活動が減速していきます。それが続くと不況になって、またFEDが金利を下げて経済を刺激する……というサイクルが繰り返されます。

図2-4：景気と利子率のサイクルの因果関係

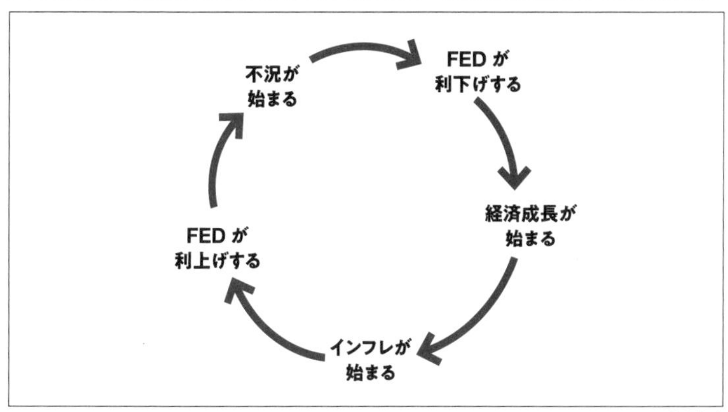

著者作成

インフレと経済を先読みして株式市場は動いている

こうしたマクロ経済の動きを先読みしながら、株式市場は動いています。個々の投資家達は、「今の経済がどんな局面にあるのか」「FEDが金利をどうするか」「それによって経済がどうなり、株価のトレンドがどう変わるか」を分析しながら、投資の方針を決めます。例えば、「今は景気の底だ」と思えば、

金利が下がるだろう→不況が終わるだろう→株価が上がるだろう

という予想のもとで「上がる前に投資しておこう」と考えたりします。個々の投資家が同じデータを見ながら、基本のセオリーに沿って方針を決めるので、それが大きなトレンドになります（図2-5）。

投資が活発になれば、企業の活動も積極的になり、それが経済全体を活性化して、これも景気を押し上げます。するとインフレ率が上がってくるので、個々の投資家は、

金利が上がるだろう→不況になるだろう→株価が下がるだろう

という予想のもとで「下がる前に手を引こう」と考えて、やはりそれが大きなトレンドになって……という具合に、株式市場と経済とインフレ率は終わりのない追いかけっこをしています。

自分だけ逆方向に走らないように、きちんとマクロ分析をしていきましょう。

図2-5：景気と利子率、株価のサイクルのタイミング

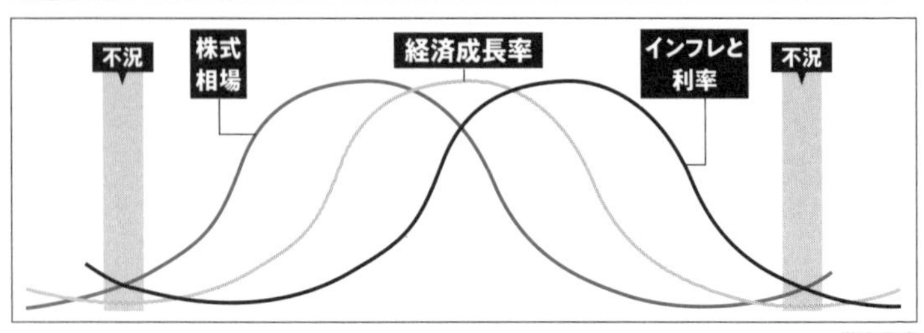

著者作成

金利が重要な理由

- **金利が上がると不況になり、株価が下がる。金利が下がると不況が終わり、株価が上がる。**
- **景気が上昇局面にあるか、下降局面にあるかで株価の動きが予想できる。**

【トレンド】相場の大きな方向性や傾向のこと。

イールドカーブ

イールドカーブとはアメリカ国債の償還期間ごとの利回りをつなげたもの

金利といえば、「イールドカーブ」も見てみましょう。

イールド（yield）とは利回りのことです。59ページの図2-1で10年債の利回りのグラフを見ましたが、アメリカ国債には10年債以外に、3ヶ月から30年まで、何種類もの償還期間のものがあり、それぞれ利回りが異なります。その利回りを線で結んだものがイールドカーブです。

図2-6のグラフがイールドカーブです。これは2024年1月8日時点のものですが、償還期間3ヶ月、2年、5年、7年、10年、20年、30年の利回りが線で結ばれています。短期金利のほうが長期金利より高いですね。これを逆イールドカーブと呼びます。

図2-6：イールドカーブの形（逆イールド）

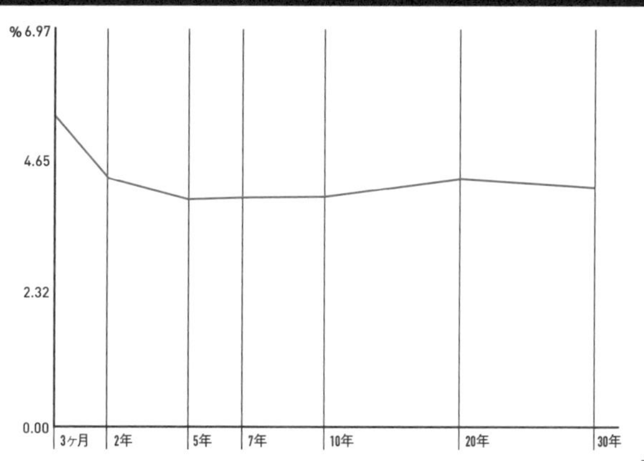

著者作成

【イールドカーブ】債券の利回り（金利）と償還期間との相関性を示した曲線。平常時には順イールド（長期金利＞短期金利）だが稀に逆イールドになることもあり、不況が近いサインとされる。

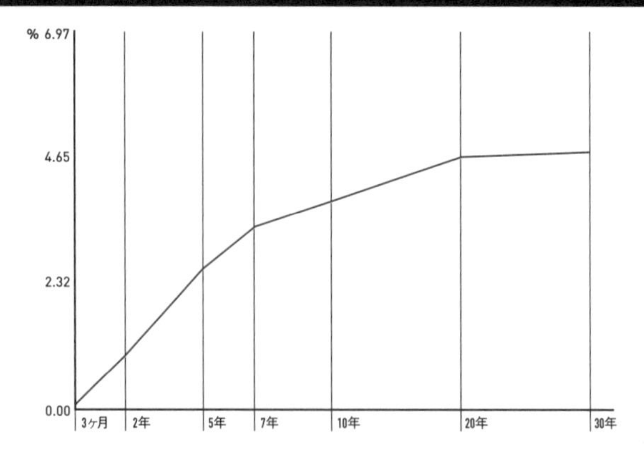

著者作成

図 2-7 は 2010 年 1 月 8 日時点のものです。短期から長期になるにつれ、金利が綺麗に高くなっていてカーブが右肩上がりですね。これが順イールドカーブです。

経済が健全ならイールドカーブは上向き

イールドカーブが右肩上がり（順イールド）なら、3ヶ月ものの国債より 2 年もののほうが利回りは良く、5 年債、7 年債、10 年債……と期間が長くなるほど利回りが上がる、ということを示しています。

これが実は普通の状態です。期間の長い国債に投資するということは、その間、自分のお金を自由にできないのですから、「利回りが良い」というメリットがなければ、普通はそれを選ぼうとは思いません。けれど、イールドカーブが右肩下がりになる、つまり逆イールドになることが稀にあります。

【償還期間】債券の発行日から償還（預かった金額を返却する）期日（満期）までの期間のこと。

なぜ逆イールドになるのか

今、債券市場はその稀な状況にあるのです。2022 年後半から 2024 年の 1 月現在まで、イールドカーブはずっと逆イールドになっています。

これは、**市場参加者が「将来的に利率が下がる（=経済が下向きになる）」と見込んでいる**時に起きる現象です。

FED が直接コントロールできる政策金利は、3ヶ月よりさらに短い 1 晩だけの短期金利です（Fed Fund Rate）。短期の政策金利とは別に、債券市場で活発に取引される国債の金利は市場の需給で決定されます。つまり株価と同じで市場参加者全員の様々にうごめく思惑と予想と恐怖と欲で決定されるのです。

考えてみましょう。例えば、2 年債の利回りは 4%とします。10 年債の利回りは 3.7%です。あなたはどちらを選びますか？

これは銀行の定期預金を考えるとわかりやすいです。定期預金は期限より早く解約するとペナルティを払わされますよね？　2 年間で終わる定期預金と 10 年間解約できない定期預金。普通だったら 10 年定期のほうが利率が高くなければ割が合わない、と思いますよね。それが普通の順イールドです。

でもその「普通」が通らない時があるのです。それは**近い将来、金利が下がる、と市場参加者達が信じた時**です。

2 年債の償還期間が来た 2 年後に、そのお金を使う必要がないなら投資戦略を変えない限り、また国債を買うことになります。その時に利率は下がっているだろう、きっと 3%以下に

【政策金利】FRB や日本銀行などの中央銀行から、銀行がお金を借りる時の基準になる金利。

なるだろう、と考える人は、10年債で10年間3.7%をもらい続けるほうが得だ、と判断します。そう考える人が多ければ、10年債の人気が上がり、2年債の人気が下がります。

だから売り手としては2年債の利回りを10年債より高くして買ってもらおうとします。だから、逆イールドになるわけです。

1988年以降、逆イールドになったのは5回しかありません。そして図2-8を見るとわかるように、10年債金利と3ヶ月債金利の差がマイナスになった後（グラフの線が0%以下になる)、必ず不況が来ています（グレーの縦線が不況)。

逆イールド＝不況になる＝株価が下がる

というサインの1つになります。

図2-8：米10年債と3ヶ月債の金利差と不況

著者作成

この本を書いている2024年1月の時点で、イールドカーブは逆イールドになっています。10年債金利が3ヶ月金利より低くなったのが2022年の11月なので、実に1年間以上逆イールドが続いています。ですが今回の逆イールドは今のところ、まだ不況にはつながっていません。1988年以来これまで100％の確率で、不況を予言してきた逆イールドの予言力は無くなってしまったのでしょうか？　今後の経済の動向が非常に興味深いですね。マクロ経済を勉強すると、芋づる式に色々なことに興味が出てくると思います。

イールドカーブの見方

- **イールドカーブは上向きの時は、経済が健全。**
- **国債の金利は、長く預けるほど利率が良いのが通常。**
- **イールドカーブが下向きになった時は、不況になる。不況になると、株価が下がる。**

経済のサイクル（グロースVSバリュー）

それぞれのフェーズで強いセクターを見極める

こうして見ていくと「経済の状況が良くない時は投資しないほうがいいのか」と思ったかもしれません。不況の時は株式市場全体が下がるので、インデックスファンドの成績に大きく響きます。

ですが、あくまで全体的傾向の話です。詳細に見ていくと、経済の状況が良くない時に伸びるグループや業界(セクターといいます)があります。それを見極めてサテライトで投資していくと、**インデックスファンドよりも良いパフォーマンスが期待**できます。

まずは「グロース株」と「バリュー株」について見ていきます。いま高成長し始めている、または、これからもっと業績が伸びると期待される企業の株がグロース株です。

バリュー株とは一般的にすでに成長しきった企業の株で、将来の成長はあまり期待できませんが、バリュエーションがその株の実際の価値より安くなることが多々あります。テクノロジーセクターだからグロース株というわけではなくて、ヒューレット・パッカード（Hewlett Packard ）やアイ・ビー・エム（IBM）などはバリュー株に入ります。

一般に、経済が伸びている時はグロース株が強く、経済のピークが見えて減速する時期となるとバリュー株が狙い目になる、というセオリーがあります（図2-9）。

【ヒューレット・パッカード】コンピューターやプリンターなどの電子機器を製造・販売する企業。

図 2-9：経済成長率と株相場とバリュー・グロース株のマーケットサイクル

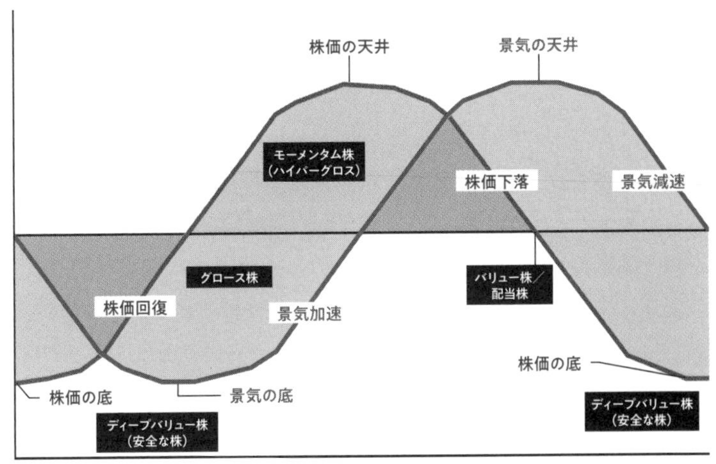

著者作成

経済が伸びる時はグロース株が強い

世の中になかった製品やサービスを生み出して、それが大ブレイクして高成長していく企業は、株価が10倍、100倍と伸びることがあります。そのように勢いがあるので、特に成長率の高いグロース株は別名「モーメンタム（勢い）株」とも呼ばれます。2023年に株価が爆上がりし再び大人気になったマグニフィセント・セブン（グーグル、アップル、フェイスブック、アマゾン、マイクロソフト、テスラ、エヌビディア）は特に大きく育ったので、**超大型成長株（メガキャップグロース）**と呼ばれます。

【アイ・ビー・エム】 コンピューター関連のサービス、ソフトウェア、ハードウェアの開発・製造・販売などを行う世界最大級の規模の企業。

グロース株は個人投資家を中心に人気があり、人気があるから資金が集まり、資金が集まるから株価も上がり、さらに人気が上がって株価が上がって……という好循環が生まれます。よってこれらの株の株価がバリュー株のように安くなることは非常に稀です。バリュエーション（株価評価）を気にしていたら大きく伸びる株を買い逃す可能性が大です。そのため、**"Buy high, Sell higher（高くても買って、さらに高いところで売って利益を得る）"というのがグロース株の一般的な勝ち方**です。

ただ、S&P500に組み込まれている約500社の中でグロース株はせいぜい1割程度と少なく、新しい企業の見極めとなると専門家でも難しい部分です。また、バリュエーションが高い分、金利が上がったり、経済が下向くとガクッと株価が落ちたりするので、これから経済が停滞すると思われる時期には特に注意が必要です。

グロース株が集まるQQQ（インベスコQQQトラスト）指数のパフォーマンスを見ると、経済が成長している時に強く、縮小している時に弱い傾向がわかります。

経済が下がる時はバリュー株が有利

バリュー株とは基本すでに成長しきった企業の株です。テクノロジーセクターでも、アイ・ビー・エム（IBM）などはバリュー株に入ります。自分が分析して、適正と思う株価と実際の株価の差に気づいて、その差が縮むことを期待して投資するのがバリュー株投資です。つまり**"Buy low, Sell high（安く買って、高く売る）"**ことになります。

多くの市場参加者達より自分のほうがその株をよく理解している

【モーメンタム株】成長期待が高く、株価の動きに勢いがある銘柄。

と自信がある時にできる投資で、個人投資家が簡単にはできないような市場調査や業績分析にたくさん費用と時間をかけることができるヘッジファンドなどプロが得意としています。

ちなみに、アイ・ビー・エムもかつてはグロース株でした。そして今をときめく超大型成長株であるグーグル、アップル、フェイスブック、アマゾン、マイクロソフト、テスラ、エヌビディア達も、いずれはバリュー株になる可能性があるのです。

バリュー株が多いNYダウ平均のパフォーマンスからは、バリュー株が経済が低迷している時に比較的強く、逆に経済が伸びている時にはアンダーパフォームする傾向がわかります。

グロース株とバリュー株ではミクロで分析すべきことは異なりますが（CHAPTER 3で詳述します）、その分析に入る前の一次選考のような感覚で、マクロ分析によって狙い目のセクターに目をつけることができる、というわけです。

経済の調子で、強い株が変わる

- **経済が伸びる時はグロース株が強い。**
- **バリュー株投資は、プロが得意としている分野。**

【ダウ】 NYダウ（ダウ30種平均）。アメリカを代表する、優良な30銘柄の株価を単純平均した株価指標。米国株の動きを示す、代表的な株価指数の1つ。

経済のサイクル(企業セクター)

教科書的な経済サイクルとセクターローテーション

経済の状況によって強いとされるセクターは、業界別にも見られます。米株のセクターは、11に分けられます。

経済成長がピークを迎えそうだ、これから経済成長率は減速するだろうという時は、「エネルギー」セクターの株に人気が集まります。経済成長率がピークに近づくとインフレが加速し、原油を含むコモディティ（代替可能商品）の価格が上昇しがちだからです。

経済成長率が減速し出すと、人気は「生活必需品」セクターに移っていき、さらに不況が近づくと「ヘルスケア」セクターが有望視されます。**これらは「ディフェンシブ銘柄」と呼ばれて、業績が景気動向にあまり左右されない**ため、経済が下火になる時にも株価に大きな影響はないだろうと多くの投資家が考えるのです。

完全に不況になると「公共事業」セクターが注目されます。電気代や水道代などの公共サービスの売上は景気に左右されませんよね。

その次に「金融」セクターが来るのは不思議でしょうか？　経済が下火になり、企業が倒産して債務不履行になる可能性がある時、金融株は底を打ちます。前項のバリュー株の説明で「適正とされる株価と今の株価の差に気づいて、その差が縮むことを期待して投資するのがバリュー株」と書きましたが、**この時期の金融株こそバリュー株の典型**のようなもの。経済がもう底を打ったと投資家が認

【ディフェンシブ銘柄】景気の変化に左右されにくい業種の銘柄。食品や日用品、薬品、電気、ガスなど。

識した場合、一番先に上がり出すのが金融株です。

どん底を抜けて、まだ不況であるものの明るい兆しが見えると「テクノロジー」セクター、さらに経済が元気になると「一般消費財」セクターが盛り返します。アマゾンやテスラはこのセクターです。

すっかり好況となった頃に「工業」セクター、続いて化学、鉄鋼、繊維などの「資本材」セクターが活気づく、という流れです（図2-10）。

図 2-10：経済とセクターローテーション

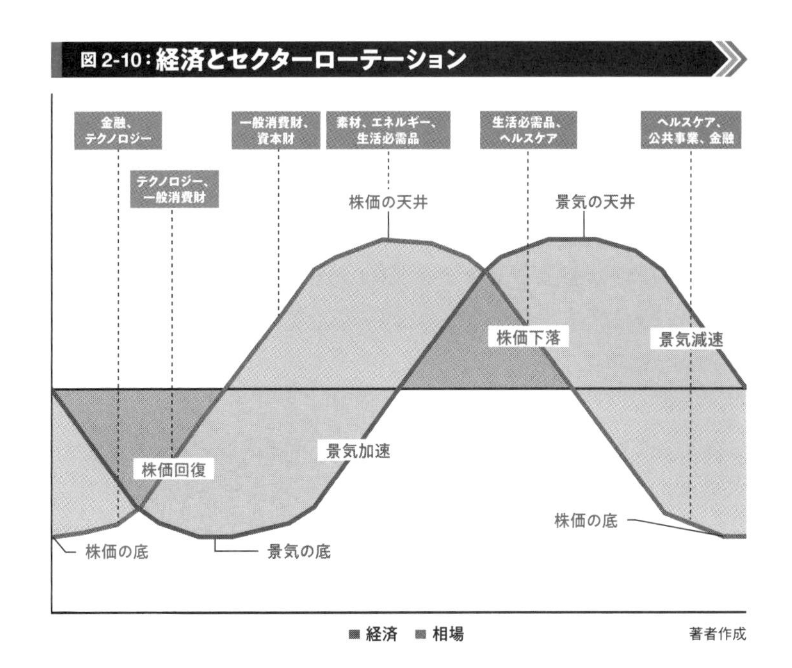

フィンビズ（FINVIZ）のヒートマップを見るとわかりやすい

気をつけたいのは、こうしたサイクルは必ず教科書通りにいくとは限りませんし、教科書によって狙い目のセクターやそれらが強い経済サイクルのタイミングが違ったりもします。そして何より、渦中にいる時は、今の経済状況がすでにピークなのかまだ上がるのか、今後の経済は上向きなのか、下向きなのか、誰にも明確にはわかりません。経済成長率の予想は、ウォール・ストリートの経済学者やストラテジスト達の間でも意見が完全に分かれる時のほうが実は多いのです。

それでも、ベーシックな考えを知って投資するのと、全く知らないで投資するのは大きな違いです。

実際の市場の動きがセオリーと違ったり、予想と違ったとしても、「どうしてだろう」と考えたり分析することで、一生使える投資力が養われてきます。

その分析に便利なのが、21ページでも見てもらったFINVIZ（フィンビズ。株情報ツールサイト）のS&P500の構成ページ（ヒートマップ）です（図2-11）。企業の時価総額が面積で示されていて、面積が大きいほど時価総額が高いことになります。時価総額とは「発行済株式×株価」で、その企業の市場価値を示しています。またこのヒートマップをFINVIZのサイトで見ると、それぞれの株のパフォーマンスを緑が上昇、赤が下落。色の濃淡で、どの株が上がってどの株が下がっているのかが一目でわかるようになっています。そして、よく見ると「テクノロジー」「金融」など業界ごとにまとまっているのがわかりますか？

【ウォール・ストリート】ウォール街。ＮＹ証券取引所があり、大手の証券会社や銀行が集中する金融街。証券・金融業界を表す代名詞になっている。

図2-11：FINVIZを使って伸びているセクターを確認

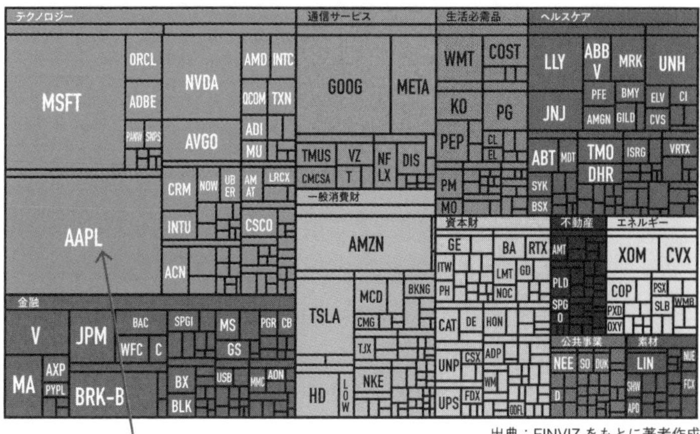

出典：FINVIZをもとに著者作成

企業名
（ティッカーシンボル／略称）

これを見ると、今、どの業界の（セクター）が伸びているのか、その中でもどの企業に勢いがあるのかが直感的にわかります。これを使って経済サイクルを予測したり、予測の答え合わせができます。

ちなみに大文字のアルファベットは「ティッカーシンボル」です。日本株の銘柄コードのような記号でAAPLはアップル(Apple)、MSFTはマイクロソフト（Microsoft）です。

経済サイクルは
セクターがローテーションする

- **経済の状況と株の人気分野、業界は連動している。**
- **FINVIZを時々見て、セクターローテーションを確認する。**

【ストラテジスト】 経済動向などを分析し、投資に関する戦略（Strategy）や方針を立案する専門家。

セクターETFに投資する

企業分析をする時間がない人は ETF という選択肢もある

マクロ分析から有利なセクターを知って、そのセクターの中から投資する企業を探す。そこで CHAPTER 3の企業分析に進むわけですが、時間がなかったり、分析できるようになる前にサテライトの投資を始めたい人は、ETF からスタートしてみるのがおすすめです。

ETF とは上場型の投資信託です。投資信託のように複数の銘柄がパッケージ化されていますが、株のように市場が開いている間はいつでも売買できます（投資信託は１日に1回、終値でしか取引できません）。各 ETF にはそれぞれコンセプトがあって、グロース株の ETF、バリュー株の ETF、各業界の ETF などなど、千差万別です。その中でも特定の企業セクターにだけ投資する ETF を「セクター ETF」と呼びます。

自分のマクロ分析に基づいて、セクターローテーションのセオリーを参考にしながら、「今はテクノロジー業界が買いだ」「これからエネルギー業界が来そうだ」と戦略を練ります。その戦略に合う ETF を日本の証券会社で取引できるものの中から選んで投資するという流れです。

80 ページの図 2-12 は、各セクターの代表的な ETF をまとめたリストです。ETF を選ぶ際には、投資信託と同様に「ファンド概要」をしっかり理解して、「信託報酬%」「純資産総額」もチェックしましょう。

【上場型投資信託】 金融商品取引所に上場されていて、取引時間内であれば値動きを見ながら好きなタイミングで売買できる投資信託のこと。ETF。

信託報酬は低いほうが良いですが、1%以下なら合格。ニッチなセクターなどの場合は1%を超えることもありますが、1.5%以上の場合は他を探すか戦略を再構築したほうが良いでしょう。普通、株投資から期待できる1年の資産増加率は長期の平均で7〜9%。信託報酬でその2割以上持っていかれるのは割が合いません。

純資産総額は基本大きければ大きいほど良いのですが、ニッチなセクターなどの場合でも500million（5億）ドル以上を目安にするといいと思います。でも日本から買えるETFは、おそらく全て大丈夫だとは思います。

「組入上位銘柄」も見て、知らない会社があったらざっと検索してみると、ゆくゆく個別株投資をする時にも役立ちます。

ETFの名前に「2倍」「3倍」などとついているのはレバレッジ型で値動きが激しいので、確信がない限り避けたほうが無難です。同じく「ショート」や「ベア」とつくのは「空売り」のことで、本書の対象から逸れます。こちらも理解してから投資するようにしてください。

⋆ セクター別ETFでの投資 ⋆

- **信託報酬は1%以下が目安。ニッチな市場の場合でも、1.5%を超えるなら再考すべき。**
- **レバレッジ型やショートと記載されているものは、商品の特性を理解してから。**

【投資信託】多数の投資家から集めた資金を、運用会社が株や債券などに投資して、その運用成果を投資家に還元する金融商品。

図 2-12：各セクターの代表的な ETF

セクター	英語名	ティッカー	強い時	サブセクター	運用額 ($millions)	信託報酬	代表的な企業
テクノロジー	Technology	XLK	景気回復	セクター全般	56,870	0.10%	MSFT,AAPL, NVDA, AVGO,AMD, ADBE
	Technology	QQQ	景気回復	Nasdaq のトップ 100	229,000	0.20%	AAPL, MSFT, AMZN, AVGO, NVDA, META
	Technology	VGT	景気回復	セクター全般	57,970	0.10%	AAPL, MSFT, NVDA, AVGO, ADBE, CRM, ACN
	Technology	SOXX	景気回復	半導体	10,190	0.35%	AMD, AVGO, NVDA, QCOM, INTC
	Technology	SMH	景気回復	半導体	11,710	0.35%	NVDA, TSM, AVGO, AMD, INTC
	Technology	KWEB	景気回復	中国テク	5,050	0.70%	Tencent, Alibaba, PDD, Meituan, NetEase
金融	Financials	XLF	景気回復	セクター全般	34,750	0.10%	BRKB, JPM, V, MA, BAC, WFC
	Financials	KBWB	景気回復	銀行	16,300	0.35%	MS, GS, WFC, BAC, JPM, FITB, COF, C
	Financials	KBE	景気回復	地方銀行	2,060	0.35%	CRBG, ZION, WAL, FITB, CFG
	Financials	KRE	景気回復	地方銀行	38,100	0.35%	ZION,CFG, TFC, RF, HBAN
	Financials	IAI	景気回復	投資銀行	423	0.39%	SPGI, GS, MS, SCHW, ICE
	Financials	IAK	景気回復	保険会社	471	0.39%	PRG, CB, AIG, TRV, AFL
ヘルスケア	Health Care	XLV	景気減速	セクター全般	39,670	0.10%	LLY, UNH, JNJ, MRK, ABBV, TMO, ABT, PFE
	Health Care	IBB	景気減速	バイオテク	7,880	0.44%	VRTX, AMGN, GILD, REGN
	Health Care	XBI	景気減速	小型バイオテク	7,300	0.35%	CYTK, ARWR, KRTX, RXRX
通信サービス	Communication Services	XLC	好景気	セクター全般	16,570	0.10%	META, GOOGL, NFLX, TMUS, VZ, EA
	Communication Services	VOX	好景気	セクター全般	5,320	0.10%	META, GOOG, VZ, NFLX, CMCSA, DIS
不動産	Real Estate	XLRE	景気回復	セクター全般	5,790	0.10%	PLD, AMT, EQIX, WELL, PSG, CCI
	Real Estate	IYR	景気回復	セクター全般	4,530	0.39%	PLD, AMT, EQIX, WELL, CCI
	Real Estate	VNQ	景気回復	セクター全般	33,470	0.12%	PLD, AMT, EQIX, CCI

【信託報酬】 投資信託を管理・運用する報酬として、投資信託を保有している間発生する費用のこと。

著者作成

セクター	英語名	ティッカー	強い時	サブセクター	運用額 ($millions)	信託報酬	代表的な企業
一般消費財	Consumer Discretionary	XLY	好景気	セクター全般	16,570	0.10%	AMZN, TSLA, HD, MCD, NKE
	Consumer Discretionary	ITB	好景気	住宅建築	2,360	0.39%	DHI, LEN, NVR, PHM, HD
	Consumer Discretionary	XHB	好景気	住宅建築	1,610	0.35%	BLDR, DHI, TOL, NVR, PHM
	Consumer Discretionary	XRT	好景気	小売り	448	0.35%	LESL, BBWI, ANF, CVNA, WRBY
生活必需品	Consumer Staples	XLP	景気減速	セクター全般	15,330	0.10%	PG, COST, KO, PEP, WMT, PM
公共事業	Utilities	XLU	不況	セクター全般	14,730	0.10%	NEE, SO, DUK, AEP, D, SRE, PCG, CEG
エネルギー	Energy	XLE	景気減速	セクター全般	36,000	0.10%	XOM, CVX, COP, SLB, MPC
	Energy	XOP	景気減速	小型石油ガス生産採掘	3,480	0.35%	CPE, AR, SWN, MPC, SM
	Energy	IEO	景気減速	石油ガス生産採掘	713	0.39%	COP, EOG, PSX, MPC, FANG, HES
資本財	Industrials	XLI	好景気	セクター全般	15,290	0.10%	CAT, UNP, GE, UBER, BA, HON,
	Industrials	ITA	好景気	航空と防衛	58,500	0.39%	BA, RTX, LMT, AXON, TDG
素材	Materials	XLB	好景気	セクター全般	5,600	0.10%	LIN, SHW, FCX, APD, ECL, NEM, NUE
	Materials	XME	好景気	メタルと採掘	1,900	0.35%	X, AA, AMR, FCX, CMC
コモディティ	Commodities	GLD	不況	金	56,590	0.40%	金
	Commodities	SLV	不況	銀	10,030	0.50%	銀
	Commodities	USO	景気減速	石油	1,590	0.81%	石油

マクロ分析　主に見るべきデータ

最重要の４つの指標（FOMC、CPI、雇用データ、GDP）

CHAPTER 2のまとめとして、マクロ分析に欠かせないデータの出典を一覧にしておきます（図2-13）。

リストの重要度「最重要」「重要」「要チェック」などは、経済状況によっても変わります。例えば、インフレの懸念がある時はCPIが最重要で、それが落ち着いて不況になったら雇用統計に最も注目が集まります。よくわからなければ、最初は「最重要」だけでも定期的に見るようにして、後はその時々にニュースで見聞きするデータの出典を覗いてみるといいでしょう。

まず、最重要の金利について。57ページで説明したFOMCのウェブサイトを紹介しておきます。ミーティングの情報にアクセスできます。FOMCのミーティングは約1.5ヶ月に1回（年8回）です。

CPIとはConsumer Price Indexの略で、消費者物価指数です。これがインフレの指標になります。CPIは毎月第2週目の火、水、または木曜日に前月のデータが発表されます。

まずは、月に1回CPIが発表される日をチェックしましょう。そしてアナリスト達の平均予想（Consensus＝コンセンサスといいます）も見ておきます。**実際に発表されたら、予想値より良かったか悪かったか、それによって株価がどう動いたのかを観察してみて**ください。

【CPI（消費者物価指数）】 一般世帯の消費生活に必要な商品やサービスを購入する時の値段の動きを表す指数。

CPIに限らず、マクロ経済のデータは実際の数値レベルよりその数値がコンセンサスより高かったか、低かったかを検証することが大事です。56ページに書いたセオリーのような動きをしているでしょうか。これを繰り返すと、CPIと株価の関係が少しずつ勉強できます。もう1つ注意することは、コロナ後の数年間、インフレ率が高騰しFEDが利上げをしたため、CPIはマクロ経済データの中で一番注目されるデータになりましたが、コロナ以前の世界ではインフレはかなり長い間ずっと2%前後で変化が少なく、CPIはあまり注目されないデータでした。このようにその時のマクロ経済と金利の動向で注目されるデータはどんどん変わります。

毎月一番最初に出てくる経済データである雇用統計は、あらゆるマクロデータの中で最も重要なデータです。毎月第1金曜日に前月のデータが発表されます。特に**不況中や経済減速が懸念される時は雇用データがマクロデータの主役**になります。雇用統計にはたくさんの情報が含まれていますが、注目すべきデータはNon-farm Payrolls(農業以外の新規雇用)とUnemployment Rate(失業率)です。そしてインフレが懸念される時はAverage Hourly Earnings MOM(平均時給の月次変化率)も注目されます。この場合もデータのレベルではなく、コンセンサスとの差が大事。例えば4%の失業率が良いデータの時もあれば悪いデータの時もあります。

GDPの正式発表は四半期に1回ですが、四半期終了後1ヶ月(First Estimate)、2ヶ月(Second Estimate)、3ヶ月(Final Estimate)と毎月、推定値が出てきます。この中で一番大事なのは四半期が終わった翌月に出てくるFirst Estimateです。これは毎年1月、4月、7月、10月の月後半に発表になります。

【Consensus(平均予想)】 アナリストや専門家が予想した数値に基づいて、企業業績や経済指標に対する市場予想の平均値を算出し、まだ発表されていない数値を予想したもの。

GDPのデータはFOMC、CPI、雇用データに比べると相場に対するインパクトは小さいですが、それでもインフレが懸念される時に予想以上に強かったり、経済成長が減速している時に予想以上に弱かったりすると、相場に影響します。

GDPデータでもう1つ参考になるのは、アトランタFEDがリアルタイムで発表するGDP Now（https://www.atlantafed.org/cqer/research/gdpnow）です。

これはアトランタFEDが過去のGDPデータをもとに作ったGDP予想モデルで、インプットされる経済データが発表されるたびに予想数値が更新されます。結構当たったり外れたりするので、ばらつきはありますが、そのモデルによると今経済はどのくらいのスピードで成長しているのかが見られるので、GDPの予想に非常に参考になります。

その他、マクロ分析で見るべきデータ（重要、要チェック）

他にも重要な指標の出典を図2-13に掲載しました。リストのURLは全て公的機関のものです。

重要データが株価を動かすことはありますが、最重要データほどは動かしません。また要チェックデータはあまり株価を動かしません。これらのデータは相場を動かすからというよりは、マクロ経済の動向を自分なりに予想するための情報として使います。よって余力がない場合は最重要だけ押さえておけば大丈夫です。

それぞれのデータがどんな情報を教えてくれるのか、サイトを見たり、自分で調べて徐々に勉強してみてください。

英語に苦手意識がある人も、本書に出てきたキーワードを押さえ

【アトランタFED】 アトランタ連邦準備銀行。FRBを形成する全米12地区の連邦準備銀行の1つ。お抱えの経済学者たちが作った独自の経済指標が有名でGDP Nowは特に注目される。

れば、だんだん目が慣れて数字を拾えるようになります。文章もウェブサイトの翻訳機能を使いながら、最初は「なんとなく」でもいいので、大元の情報に当たる努力を続けてみてください。そのうえで日本語の経済ニュースなどに触れると「この人の立場では、そういう解釈をするのか」「英語の記事では違う見解も出ていた」などと、リテラシーが高まってきます。

図2-13：マクロ分析で主に見るべきデータ

重要度	マクロ情報	頻度
最重要 ★★★	FOMC Meeting (https://www.federalreserve.gov/monetarypolicy/fomc.htm)	年8
最重要 ★★★	Empolyment Data (https://www.bls.gov/ces/)	月1
最重要 ★★★	CPI (https://www.bls.gov/cpi/)	月1
最重要 ★★★	GDP (https://www.bea.gov/data/gdp/gross-domestic-product)	四半期1
重要 ★★	GDP Now (https://www.atlantafed.org/cqer/research/gdpnow)	毎日
重要 ★★	Initial Jobless Claims (https://www.dol.gov/ui/data.pdf)	週1
重要 ★★	Core PCE Price Index (https://www.bea.gov/data/personal-consumption-expenditures-price-index)	月1
重要 ★★	Manufacturing PMI (https://www.ismworld.org/supply-management-news-and-reports/reports/ism-report-on-business/)	月1
重要 ★★	Retail Sales (https://www.census.gov/retail/marts/www/marts_current.pdf)	月1
要チェック ★	Michigan Consumer Sentiment (http://www.sca.isr.umich.edu/)	月1
要チェック ★	Money Supply (https://www.federalreserve.gov/releases/h6/current/default.htm)	月1
要チェック ★	Crude Oil Inventories (https://www.eia.gov/petroleum/supply/weekly/)	週1
要チェック ★	Existing Home Sales (https://www.ismworld.org/supply-management-news-and-reports/reports/ism-report-on-business/)	月1

著者作成

トレーディング・エコノミクス（Trading Economics）を活用する

それぞれの出典に定期的にアクセスするのが難しそうだ、という人は「Trading Economics（トレーディング・エコノミクス）」のウェブサイトがおすすめです。「Calendar（カレンダー）」のページに、経済指標が発表される日時が一覧表示されます。

Countries（国）で「United States」をチェックし、Impact（影響）で重要度のふるいをかけられるようになっています。

Trading Economicsの「Economic Calendar」では発表の日時だけでなく、コンセンサスのデータも見られるし、データのリンクをクリックすると過去のデータも見られるので非常に便利です。私のリストにあるデータを見つけてクリックしてみてください。それぞれ詳細が見られます。ちなみに、Trading Economicsのサイトには、米国の各企業の決算報告日時とコンセンサスも掲載されています。

【Trading Economics】経済指標カレンダー、為替レート、株価指数、国債利回り、商品価格の過去データと予測などを含む、196か国の情報を公式データをもとに提供する情報サイト。

図2-14：Trading Economics の Economic Calendar

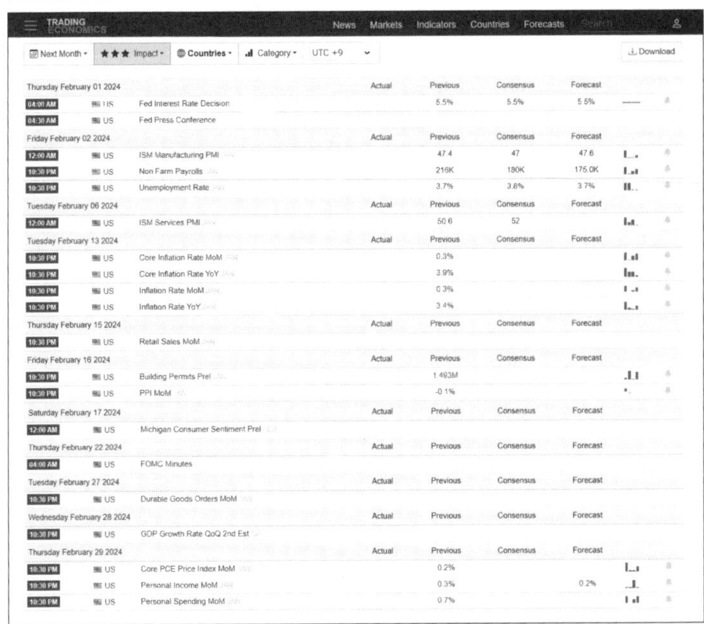

Thursday February 01 2024			Actual	Previous	Consensus	Forecast
04:00 AM	US	Fed Interest Rate Decision		5.5%	5.5%	5.5%
04:30 AM	US	Fed Press Conference				
Friday February 02 2024			Actual	Previous	Consensus	Forecast
12:00 AM	US	ISM Manufacturing PMI		47.4	47	47.6
10:30 PM	US	Non Farm Payrolls		216K	180K	175.0K
10:30 PM	US	Unemployment Rate		3.7%	3.8%	3.7%
Tuesday February 06 2024			Actual	Previous	Consensus	Forecast
12:00 AM	US	ISM Services PMI		50.6	52	
Tuesday February 13 2024			Actual	Previous	Consensus	Forecast
10:30 PM	US	Core Inflation Rate MoM		0.3%		
10:30 PM	US	Core Inflation Rate YoY		3.9%		
10:30 PM	US	Inflation Rate MoM		0.3%		
10:30 PM	US	Inflation Rate YoY		3.4%		
Thursday February 15 2024			Actual	Previous	Consensus	Forecast
10:30 PM	US	Retail Sales MoM				
Friday February 16 2024			Actual	Previous	Consensus	Forecast
10:30 PM	US	Building Permits Prel		1.493M		
10:30 PM	US	PPI MoM		-0.1%		
Saturday February 17 2024			Actual	Previous	Consensus	Forecast
12:00 AM	US	Michigan Consumer Sentiment Prel				
Thursday February 22 2024			Actual	Previous	Consensus	Forecast
04:00 AM	US	FOMC Minutes				
Tuesday February 27 2024			Actual	Previous	Consensus	Forecast
10:30 PM	US	Durable Goods Orders MoM				
Wednesday February 28 2024			Actual	Previous	Consensus	Forecast
10:30 PM	US	GDP Growth Rate QoQ 2nd Est				
Thursday February 29 2024			Actual	Previous	Consensus	Forecast
10:30 PM	US	Core PCE Price Index MoM		0.2%		
10:30 PM	US	Personal Income MoM		0.3%		0.2%
10:30 PM	US	Personal Spending MoM		0.7%		

出典：Trading Economics

【Economic Calendar】経済指標や金融政策の決定など、市場を動かすイベントをチェックするためのカレンダー。経済カレンダー。

市場参加者の感情

さらに、市場参加者の感情にまつわるデータも紹介しておきます。市場参加者が強気か（株価が上がると思っている）、弱気か（株価が下がると思っている）の目安で、**ほとんどの感情の指標は逆張り指標として注目**されます。つまり参加者が強気ならもうすでに買った後である可能性が高いので、近い将来相場は下がる可能性が高い。逆もまた然りです。

市場参加者の感情指標が一目で簡単に見られる無料サイトがCNNのFear & Greed Index（恐怖と欲の指数／https://www.cnn.com/markets/fear-and-greed/）です。

この指数はCNNが選んだ7つの市場の、恐怖と欲を表すデータを独自のフォーミュラで1つの数字にしたものです。50が中立。55〜75は欲。75〜100は強欲。25〜45は恐怖。0〜25はパニックです。この数値は逆張り指数なので、25以下の時は恐怖がかなり高いので相場の底に近く、75以上の時は天井に近いということになります。このサイトに行ってみてください。過去の数字も1年分見ることができます。かなりの確率で、底と天井を言い当てていることが確認できます。

これらの経済データが株価に与える影響などを予測するのは、慣れるまでなかなか難しいと思います。私が毎週末Xのスペースと YouTube ライブでやっている、投資ミーティングを聞きに来てみてください。私の予想と考察を解説しています。

【CNN】アメリカのニュース専門チャンネル。

【Fear & Greed Index（恐怖と欲の指数）】市場心理を示す指標。逆張り指数で投資家が強気な時は株価は下降方向へ、弱気な時は上昇方向へ動きやすくなる傾向がある。

COLUMN

現職は情報が要。情報は人脈から。人脈はギブから

ヘッジファンドをはじめ、投資のプロ達の世界を少しイメージできたでしょうか。映画や小説のような蹴落とし合い、騙し合いといった業界ではありません。私達の仕事は情報が命です。その情報は人脈が頼りです。私も日々、人脈作りを大切にしています。

人脈は名刺を配り歩いたり、お世辞をいったりしても築けません。まずは自分からギブすること。自分が持つ有益な情報を相手に与え、その人のためになるように動き、それが役立って感謝してもらえると、相手もギブしてくれるようになります。

10 ギブして 1 返ってきたらいい、くらいに私は思っています。ずいぶん非効率だと思うかもしれませんが、その 1 がないとどこにも行けず、何もできない、そんな世界なのです。自分が何をできるかより、できる人を何人知っているかが大切で、そのためには自分からギブしなくては始まりません。

これは私に限ったことでなく、お互いがそう思ってやっています。大物といわれる人、成功している人ほど気前良くギブしてくれます。

企業だって同じです。ギブの精神で、真っ当なことで価値提供する事業が育っていき、投資も集まり、継続的に繁栄します。これから投資先を選ぶ時に、そんな視点でも見てみてください。

このような業界で揉まれてきた私ですから、ギブの精神が公私にわたって当然のようになっています。SNS で投資の情報を発信するのも、こうして本を書いているのも、私としては人の役に立ちたいから。

きっと、皆さんのお仕事や暮らしも、同じですよね?

COLUMN

量的緩和と量的引き締めって？

金利を意識し始めるとQuantitative Easing（QE）という言葉も目につくでしょう。日本語で「量的緩和」のことです。

1980年代前半からアメリカの金利は下がり続け、2008年に金利が0%になって「これ以上、下げようがないが、経済を促進させなければならない」ということで、量的緩和政策が始まりました。リーマンショックの頃です。

量的緩和の目的は、市場に「金余り」の状態を作ること。あり余るほどお金があれば、企業家や経営者が銀行でお金を借りやすくなるため、経済への刺激になります。量的緩和の仕組みは、まず財務省が銀行に国債を売って、お金を得ます。そのお金で給付金を払ったり、公共事業を行ったりします。一方、銀行は国債を買った分、自分のところの現金が減ります。そうなると「ビジネスを始めたいからお金を借りたい」という人がいても簡単に貸せません。そこでFEDが銀行から国債を買い取って、銀行に現金が戻るようにします。結果的にはFEDがドルを発行できる力を使って、財務省にお金を貸したことと同じです。財務省とFEDは直接やりとりできず、銀行を介さないといけないルールになっているため、このような仕組みになっています。これが量的緩和、いわゆる「お金を刷る（printing money）」ということです。

量的緩和の反対が「量的引き締めQuantitative Tightening（QT）」です。量的引き締めは量的緩和の逆で、FEDが持っている国債を銀行に売る、または持っている国債が償還されてもその減った分を新しい国債を買うことで補填しない、ことを指します。結果的に市場に出回っている資金が減ることになり、経済過熱の抑制効果があります。量的緩和、量的引き締め、それぞれどのように株価が動くか、注目してみてください。

CHAPTER 3

買うべき企業の見つけ方（ファンダメンタル分析）

一次情報を利用する

自分の一次情報を利用すると勝てる確率が高い

個別株に投資するなら、企業分析が必須です。ですが、分析しようにも、まずどの株を分析したらいいか、わからないですよね。そんな時は自分のよく知っている商品を作っている会社から始めましょう。

例えば、iPhoneを使っているなら、アップル（Apple）の企業分析をしてみるというように。自分で持っていないとしても、周りに持っている人がたくさんいるでしょう。そういう会社なら、理解しやすいものです。

このように、**自分が実際に使っている商品の会社や、身近に情報を得やすい会社のことを「一次情報を持っている」「解像度が高い」**と表現します。

「自分が商品を買ったから」「その商品があまりにも素晴らしくて、友達にも紹介したから」などの理由から、その会社の株を調べて投資するのが、最初は最適だと思います。

とはいえ、それだけでうまくいくものでもありません。その感覚を知ってもらうために、**私が一次情報で売り買いした株のストーリーをシェアします。**自分の場合なら？と想像してみてください。

【企業分析】企業の財務状況や業績状況などのデータをもとに、企業の経営状況や成長性の分析を行う方法。

X（旧 Twitter）では
2回儲けさせてもらった

私は2020年7月にツイッター(現X)のアカウントを作ってツイートを始めました。コロナ禍で時間ができた上に、人との直接的な繋がりが希薄になったからです。**自分が始めたように、この時期にツイッターを始める人は多いだろうと思い、同社の株を購入。アカウント開設後3日目**です。

タイミングとコロナ後の急激な金融緩和も相まって、**半年ほどで株価が倍に**なりました。そろそろコロナも落ち着きかけたところで「成長も頭打ちかな」と思っていたら、株価が下がり出したので、売却して利益を確定しました。

その後もツイートは続けていました。毎日使っていると、それにまつわる情報感度が高くなります。ちょうどロシアのウクライナ侵攻が始まった頃、ツイッターはSNSの中でも特別だと実感しました。一般のニュースより情報が早く、もはや公共インフラなみに必要不可欠なものであると。起業家のイーロン・マスク氏がウクライナに人工衛星システム・スターリンクを設置した時、ウクライナのゼレンスキー大統領との最初の連絡はツイッターのダイレクトメッセージだったと聞いて、**もう一度、株を買い直しました。再び順調に株価が上がった**のですが、マスク氏がツイッターを買収する・しないの騒動で株価が不安定になったので**売却し、2度目の利益を確定**しました（図3-1）。

その後「マスク氏はツイッター株を買わない」という噂が流れて、株価が急落しました。そこで、もう一度株を買い直そうと思ったのですが、仕事が忙しくもたもたしている間にどんどん上がり始めて、私は残念ながら、3回目の儲けは逃してしまいました。

【イーロン・マスク】 アメリカの起業家、エンジニア。PayPalの創業メンバー。テスラなどの事業を成功させた。スペースX、テスラのCEO、X（旧 Twitter）のオーナー、執行会長兼CTO。

図 3-1：私のトレード／ツイッター

買った日 2020 年 7 月 21 日／売った日 2021 年 10 月 6 日
買った日 2022 年 2 月 28 日／売った日 2022 年 4 月 20 日

アマゾンは10年で12倍の利益が取れた

2012 年にアマゾン（Amazon）のプライム会員になって以来、他のサイトで見つけた商品でも、そこで買わずに**まずアマゾンで売っていないかをチェックするようになりました。そんな自分に気づいて「このサービスは伸びる」と確信し、同社の株を購入。**10 年間持ち続け、12 倍になったところで売り抜けることができました（図 3-2）。

なぜ、そのタイミングで株を売却しようと思ったのか。それも一次情報に触れ、判断材料にしたからです。

まず、「最近、アマゾンの配達トラックのほうが郵便局のトラックよりも多いなぁ」と感じるようになりました。「利用者が多くて安泰」というより「すでに飽和状態。これ以上の成長は見込めない？」と思ったのです。アマゾンの広告をよく見かけるようになったのも、その頃でした。それまでプライムデー以外のアマゾンの広告を見たことがなかったので**「広告を打たないと売上が伸びない状態になったのか」と思いました。それでほとんどの株を売却。**1割ほど残しておいた分も、数ヶ月後に全て処分しました。

ツイッターもそうでしたが、自分の生活圏内なら、それまでになかった現象が出てきた時、人よりも早く変化に気づけます。それが、株の売買のタイミングを計るのにとても有利に働きます。

図 3-2：私のトレード／アマゾン

買った日 2012 年 11 月 15 日／売った日 2022 年 2 月 4 日、2022 年 6 月 2 日

著者作成

ディズニーでは8倍近くになったが、売り逃した

これも2010年代の初め頃です。3歳になった娘と"ディズニー・ワールド"に行きました。私自身はそれまでも何度か"ディズニー・ワールド"に行ったことはありましたが、3歳の娘の目から見たディズニーは、まさに魔法の世界。**心震え、涙が出るほど感動して、唯一無二のブランド力を再確認し、同社の株を購入**しました。ディズニー（Disney）の株価は13年間で8倍近くまで伸びました。

ところが娘が成長して、ディズニーに行く機会がなくなりました。私自身が一次情報に触れられる範囲から外れてしまったのです。そこで株を売れば良かったのですが、**娘と体験した夢の世界というセンチメンタルな感情から、なかなか手放すことを決断できず**にいました。情報感度が鈍ったまま、気づいた時にはディズニーの株は下がってしまい、売り時を逃してしまいました。結局ディズニーの株は約5倍で売ることになりました（図3-3）。

買った日 2009年8月17日／売った日 2022年8月19日
著者作成

ユニティー・ソフトウェアは二次情報で失敗

一次情報ではなく、知人から「この株、伸びそう」と教えてもらって、よくわからずに買って失敗した例もあります。ユニティー・ソフトウェア（Unity Software）というゲームエンジンを開発する会社の株です。確かに株価は2倍以上まで上がりました。ところが、よくわからずに買っているので、売り時もわからなかったのです。知人は良いところで売却してしっかり利益を得ました。一方、私は損を出してしまいました（図3-4）。一次情報じゃないから悪い、ということではありません。一次情報でないなら、より一層しっかりと企業分析をしてから投資すべきという教訓です。その分析の仕方は、本章114ページ以降で書いていきます。

図3-4：私のトレード／ユニティー・ソフトウェア

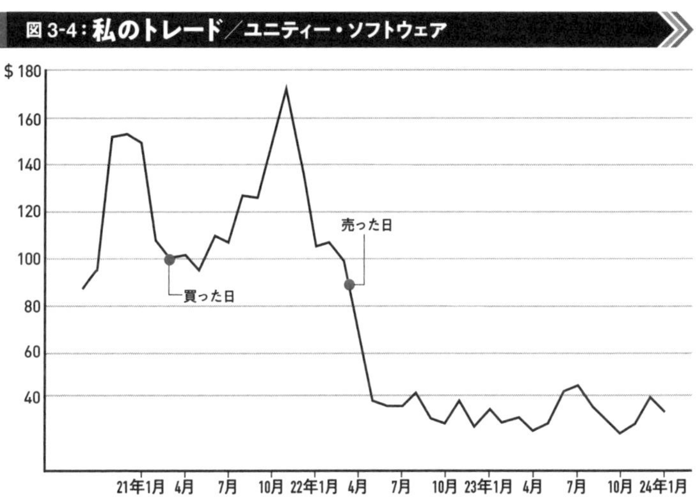

著者作成

買った日 2021年2月23日／売った日 2022年3月9日

【ユニティー】ユニティー・ソフトウェア社。ゲームや建築、映画製作などの分野で使われる3Dコンテンツを、開発・運営するためのプラットフォームを提供する企業。

ウォッチリストを作る

二次情報でもいいアイデアソース次第で、勝てる株も見つかる

自分の一次情報を使って投資する株の候補を絞ったほうが、勝てる可能性は高い。これが大前提ですが、アメリカに住んでいる私でさえ、一次情報で株を買えるチャンスはそう頻繁にあるわけではありません。ましてや日本に住んでいるなら、アメリカの会社の商品を自分で使う機会もそうそうあるわけではないと思います。

では、どうするのか。大きく3つのアイデアソースを紹介します。

方法1 ニュースや記事で読んで興味を持った株

投資を始めると、いろいろなニュースに前よりずっと敏感になります。**ウォール・ストリート・ジャーナルなどの投資新聞の記事を読んだり、TVやYouTubeに出てくる有名投資家や大企業のCEOなどの話を聞いて「この株は面白そうだ」と興味を持つ**ことがたくさん出てくると思います。私もそのような情報にアンテナを張って、常に面白そうな投資先のアイデアを探しています。

おすすめの情報ソースは253ページ以降にまとめていますので、ぜひ日常的に情報をチェックする習慣を付けてください。

【SEC】 Securities and Exchange Commission。証券取引委員会。投資家保護と公正な市場整備のため、株や債券などの証券取引の法規を管理する。

方法2 株業界の大物が買っている株

米国株投資のカリスマ達がどんな株に投資しているのかを参考にするのも楽しい方法です。

アメリカの機関投資家のうち管理する資産額が1億ドルを超える会社は全て、SEC（Securities and Exchange Commission＝証券取引委員会）に「フォーム13F」という書類を四半期ごとに提出する必要があります。フォーム13Fには各期間の最終日に持っていた銘柄と株数を記載するので、その四半期に何を売り買いしたのかが把握できます。売り買いしていない株についても、株数や保有期間などを見ることができます。

「そんな詳細を公開して大丈夫？」と思うかもしれませんが、公開した時点ですでに“過去の情報”になっているので、影響はありません。例えば、8月15日に提出した書類は、6月30日付のポートフォリオの銘柄構成です。その45日間に、ポートフォリオの構成がすっかり変わってしまうファンドも珍しくありません。

さて、そのフォーム13Fの情報はわりと見づらいのですが、いろいろな情報サイトが各ファンドのデータをまとめて見やすくし、公開してくれています。**無料で見られるサイトの中で、私が一番気に入っているのはホエール・ウィズダム（Whale Wisdom）**です。株用語でWhale（クジラ）は大きな金額を動かす投資家のこと。Wisdomは知恵。つまりWhale Wisdomは「株界の大物の知恵」といった意味です。

【フォーム13F】管理する資産が1億ドル以上のアメリカ投資会社が、四半期ごとにSEC（米国証券取引委員会）に提出を義務付けられている定期報告書。所有する株式の銘柄・数量などが記載される。

図 3-5：Whale Wisdomのダッシュボード画面

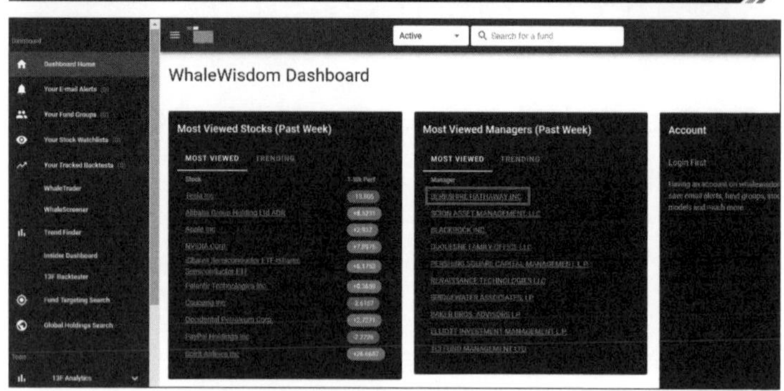

URL はこちら（https://whalewisdom.com/dashboard2）。

まずサイトに行って「プラットフォームにアクセスする」ボタンをクリックすると、このような画面が見られます。

この**「Most Viewed Managers（past week）」と書いてあるリストが、今アメリカで一番注目されているファンドマネージャー達**です。

もちろんトップは、投資のカリスマと言われるウォーレン・バフェット氏のバークシャー・ハサウェイ（Berkshire Hathaway）です。そのリンクをクリックすると、バフェット氏が最近どんな取引をしたのか、45 日前までどんな株を持っていたのかを知ることができます。

【バークシャー・ハサウェイ】「投資のカリスマ」ウォーレン・バフェット氏が率いる上場持株会社。

図 3-6：Berkshire Hathaway（バフェット氏）のポートフォリオ

Stock	History	Sector	Shares Held or Principal Amt	Market Value	% of Portfolio ↓	Previous % of Portfolio	Rank	Change in Shares
AAPL	History	INFORMATION TECHNOLOGY	915,560,382	156,753,093,002	49.35%	51.00%	1	No Change
BAC	History	FINANCE	1,032,852,006	28,279,487,924	8.90%	8.51%	2	No Change
AXP	History	FINANCE	151,610,700	22,618,800,333	7.12%	7.59%	3	No Change
KO	History	CONSUMER STAPLES	400,000,000	22,392,000,000	7.05%	6.92%	4	No Change
OXY	History	ENERGY	327,574,652	19,559,482,470.92	6.16%	4.64%	5	⇧103,445,460
CVX	History	ENERGY	110,248,289	18,590,066,491	5.85%	5.56%	6	⇩-12,871,831
KHC	History	CONSUMER STAPLES	325,634,818	10,954,355,278	3.45%	3.32%	7	No Change
MCO	History	FINANCE	24,669,778	7,799,843,711	2.46%	2.46%	8	No Change
DVA	History	HEALTH CARE	36,095,570	3,412,114,232	1.07%	1.04%	9	No Change
VRSN	History	COMMUNICATIONS	12,815,613	2,595,546,101	0.82%	0.83%	10	No Change
C	History	FINANCE	55,244,797	2,272,218,501	0.72%	0.73%	11	No Change
KR	History	CONSUMER STAPLES	50,000,000	2,237,500,000	0.70%	0.67%	12	No Change
V	History	FINANCE	8,297,460	1,908,498,775	0.60%	0.57%	13	No Change
CHTR	History	COMMUNICATIONS	3,828,941	1,684,044,831	0.53%	0.40%	14	No Change
MA	History	FINANCE	3,986,648	1,578,353,810	0.50%	0.45%	15	No Change
HPQ	History	INFORMATION TECHNOLOGY	51,503,537	1,511,113,775.58	0.48%	0.84%	16	⇩-51,015,498
LSXMK	History	COMMUNICATIONS	46,468,678	1,421,476,860.02	0.45%		17	No Change
AON	History	FINANCE	4,100,000	1,329,302,000	0.42%	0.43%	18	⇩-235,000
AMZN	History	CONSUMER DISCRETIONARY	10,000,000	1,271,200,000	0.40%	0.40%	19	⇩-551,000
COF	History	FINANCE	12,471,030	1,210,313,462	0.38%	0.39%	20	No Change

出典：Whale Wisdom

図3-6は、2023年9月30日時点のバフェット氏のトップ20保有株です。

バフェット氏のポートフォリオの50％以上がアップル［APPL］の株であることがわかります。2つ目に大きいのはバンク・オブ・アメリカ（Bank of America［BAC］）です。「バンク・オブ・アメリカってどんな会社だろう」「ちょうど金融セクターの株が気になっていた」というように、ヒントにして調べるきっかけにできます。

【バンク・オブ・アメリカ】アメリカに本社を置く、世界最大の銀行の1つ。世界35か国で事業を展開し、事業法人、政府、機関投資家向けのサービスを提供している。

常時、人気ファンドマネージャーリストの上位にいるサイオン・アセット・マネジメント（Scion Asset Management）のマイケル・バリー氏の保有株も見てみましょう。バリー氏はリーマンショックの時にサブプライムのCDS（破綻リスクを売買する金融派生商品）を大量に売買し、大儲けしたことで有名になりました。図3-7で彼の保有株を見ると、トップ20のほとんどのポジションがほぼ全て3ヶ月で入れ替わっています。なるほど、かなり大胆な賭け方をしていることがわかります。

このように米株界のクジラ達が投資している株のリストを眺めたり、最近はどんな売り買いをしているのかを見ながら気になる株を探すのも楽しい方法です。

図3-7：Scion Asset Management（マイケル・バリー氏）のポートフォリオ

Stock	History	Sector	Shares Held or Principal Amt	Market Value	% of Portfolio ↓	Previous % of Portfolio	Rank	Change in Shares	% Change
SOXX PUT	History	FINANCE	100,000	47,365,000	47.86%		1	100,000	New
BKNG PUT	History	CONSUMER DISCRETIONARY	2,500	7,709,875	7.79%		2	2,500	New
STLA	History	CONSUMER DISCRETIONARY	400,000	7,652,000	7.73%	0.33%	3	75,000	23.08%
NXST	History	COMMUNICATIONS	48,651	6,975,094	7.05%	0.14%	4	33,651	224.34%
SBLK	History	TRANSPORTS	250,000	4,820,000	4.87%	0.19%	5	65,260	35.33%
BKNG	History	CONSUMER DISCRETIONARY	1,500	4,625,925	4.67%		6	1,500	New
BABA	History	COMMUNICATIONS	50,000	4,337,000	4.38%		7	50,000	New
EURN	History	TRANSPORTS	250,000	4,107,500	4.15%	0.05%	8	197,100	372.59%
JD	History	CONSUMER DISCRETIONARY	125,000	3,641,250	3.68%		9	125,000	New
HPP	History	REAL ESTATE	400,000	2,660,000	2.69%	0.06%	10	150,000	60.00%
CRGY	History	ENERGY	200,000	2,528,000	2.55%	0.15%	11	-43,963	-18.02%
REAL	History	CONSUMER DISCRETIONARY	750,000	1,582,500	1.60%	0.19%	12	-750,000	-50.00%
SB	History	TRANSPORTS	300,000	972,000	0.98%	0.02%	13	172,475	135.25%
IHRT	History	COMMUNICATIONS	0	0		0.13%	Sold All	-600,000	-100.00%
EWJV	History	FINANCE	0	0		0.02%	Sold All	-13,600	-100.00%
FLJP	History	FINANCE	0	0		0.05%	Sold All	-30,000	-100.00%
NEX	History	ENERGY	0	0		0.21%	Sold All	-400,000	-100.00%
LILAK	History	COMMUNICATIONS	0	0		0.22%	Sold All	-450,000	-100.00%
VTLE	History	ENERGY	0	0		0.33%	Sold All	-125,000	-100.00%
CMRE	History	ENERGY	0	0		0.07%	Sold All	-125,000	-100.00%

出典：Whale Wisdom

【ファンドマネージャー】資金運用機関において、資金（ファンド）の運用を担当するチームの責任者。アナリスト達の分析をもとに株の売り買いの最終的な判断をする人。

方法3 スクリーニングで条件に当てはまる株

スクリーニングとは、要は絞り込み検索です。ネット証券や投資の情報サイトで自分が重視する条件を入れていくと、その条件に合った投資先候補が選出されます。株の場合、スクリーニングには大きく2種類あります。**テクニカル（株価の動き）で絞り込むものと、ファンダメンタル（企業業績）で絞り込むもの**で、本書ではファンダメンタル・スクリーニングについて紹介します。

スクリーニング機能の使い方自体は簡単なのですが、**難しいのは「どのような基準で絞り込むか」**です。これには正解がありません。投資家それぞれが試行錯誤しながら、自分の答えを見つけていくものです。

そこで、まずは**バフェット氏が挙げる投資対象となるべき企業業績の基準**を見てみましょう。

1. **Operating Margin（営業利益率）＞セクター中央値**
2. **Profit Margin（粗利益率）＞セクター中央値**
3. **債務 / 全資産＜セクター中央値**
4. **EPS 成長率セクタートップ 25%**
5. **過去 3 年間の EPS 成長率>過去 5 年間平均**
6. **過去 6 年間一度も損失を出してない**
7. **直近の ROE（自己資本利益率）> 12%**
8. **過去 5 年間平均 ROE（自己資本利益率）> 12%**
9. **長期見込み成長率> 15%**

【サイオン・アセット・マネジメント】 投資家のマイケル・バリー氏が率いるヘッジファンド。

中央値とは、データを小さい順に並べた時に真ん中に来る値のことです。「>セクター中央値」とは、同じセクター（セクターの説明は74ページ参照）の中で中央値より大きい数字なら基準を満たす、という意味になります。また、「セクタートップ25%」とは、同じセクター中の上位25%に入っているという条件です。

そもそも「営業利益率」「粗利益率」「EPS成長率」「自己資本利益率」といった言葉自体が、わからないという人も多いと思いますが（122ページ以降で解説していきます）、ざっと「こんなふうに基準があるんだな」ということを知ってもらえれば大丈夫です。

バフェット氏の基準はまだまだあります。もっと深く知りたくなったら、ぜひ調べてみてください。バフェット氏に限らず、**投資のカリスマであるウィリアム・オニール氏など、有名投資家のスクリーニング基準も公開されています。**

ちなみにバフェット氏の場合、一番大きい投資先であるアップルや2つ目に大きいバンク・オブ・アメリカの数字を検証すると、全ての基準に達していない場合もあります。ということは、全ての条件項目をクリアしなくても、投資候補に成り得るのでしょう。こうしたスクリーニングに対する姿勢自体も参考にできます。

【ウィリアム・オニール】ビジネス新聞「インベスターズ・ビジネス・デイリー」創設者。超成長株を「CAN-SLIM」と名づけ、現在でも再現性のある手法として指示されている。2023年5月逝去。

スクリーニングの方法

無料で使えるスクリーニングツールはたくさんあります。その中で私が最も使い勝手が良いと思うのは、コイフィン（Koyfin）という投資情報を提供する会社のウェブサイトです。というのも、**スクリーニングはあくまで「投資先の候補を絞る」ための行為です。後述しますが、「投資先を決める」ためには、さらなる企業分析が不可欠**だと私は考えています。スクリーニングで候補を絞って企業分析をする、その流れがKoyfinのウェブサイトを使うと劇的に便利になります（ちなみにKoyfinには課金によるメニューもありますが、無料で使える機能だけでも十分です）。

もちろん、スクリーニング、企業分析、いずれもKoyfinを使わなくてもできますし、そもそも投資ツールは日々進化しています。自分に合ったものを探してください。

ここでは、あくまで一例として、Koyfinを使って、バフェット氏になったつもりでスクリーニングをしてみましょう。

スクリーニングのメニューは、Koyfinの画面左のメニューの上から5番目にあります。ここをクリックして新しいスクリーニングを作るオプションを選ぶと次の画面のメニューが出てきます。

【スクリーニング】 株式の銘柄を選択する時、規模や業績、投資指標などの条件を設定し、それに合った銘柄を探し出すこと。ふるい分け。

図 3-8：Koyfinのスクリーニング機能

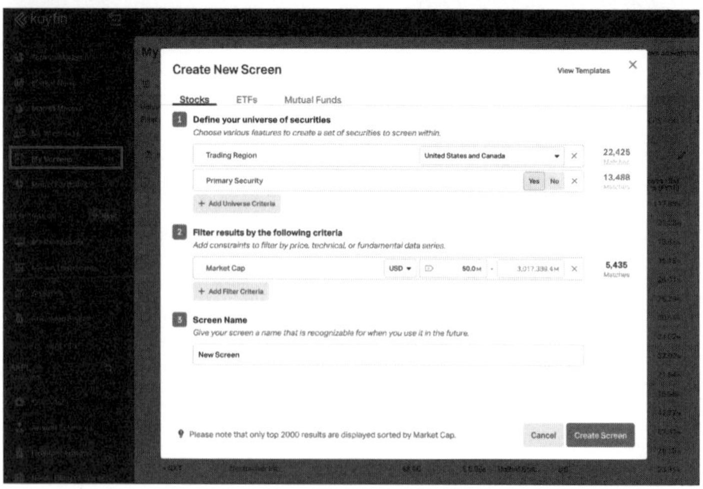

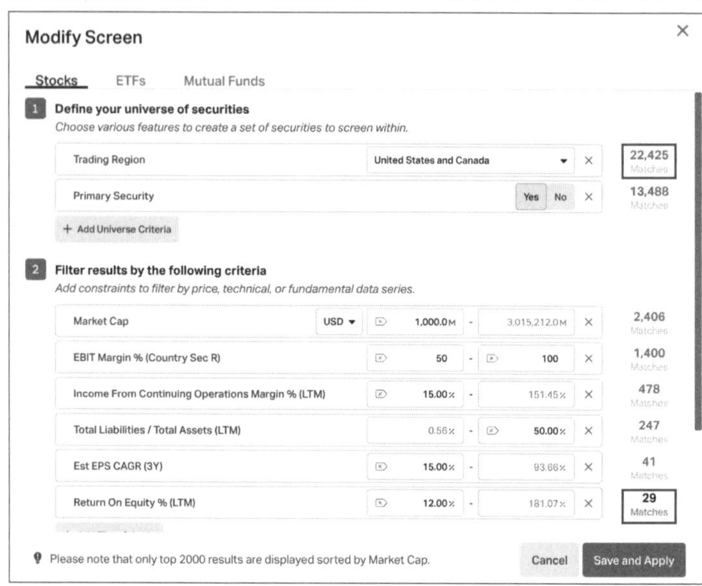

出典：Koyfin

【Koyfin】 市場のニュースや株価などのチャート、財務分析、アナリストの予想まで、投資に必要な様々な情報をシンプルに見ることができる情報・ツールサイト。

バフェット氏の基準にできるだけ近くなるように、Koyfinで選択できる情報でスクリーニングした結果が図3-8です。

このうち、**Market Cap（時価総額）**は私が設けた基準です。あまり小さい会社では情報も少ないですし、アナリスト達が公開している業績予想も存在しない（または信頼できない可能性が高い）ので、最低値を1 billion（10億）ドルに設定しました。

このようにスクリーニングしたところ、図3-8の右下の数字でわかるように、22425社あった銘柄の中 から29社までに絞られました。その結果の銘柄達のトップ15銘柄が図3-9に載っています。

図3-9：バフェット氏の基準を模したスクリーニングの結果

My Screens

Save as watchlist　Download

Rev EPS >15% near 52-week high　Rev Accel. to >20% in Yr2　EPS > 10% Rev >10%　Warren Buffet　HIDE CRITERIA

Universe Criteria: Category contains Equity; Trading Region contains United States and Canada; Primary Security is set to Yes;
Filter Criteria: Market Cap greater than 1,000.0M; EBIT Margin % (Country Sec R) between 50 - 100; Income From Continuing Operations Margin % (LTM) greater than 15.00%; Total Liabilities / Total Assets (LTM) less than 50.00%; Est EPS CAGR (3Y) greater than 15.00%; Return On Equity % (LTM) greater than 12.00%;

Modify Criteria

Import View　Columns　Summary　Sort　USD

Ticker	Name	Market Cap	Trading Region	EBIT Margin % (Country Sec R)	Operations Margin % (LTM)	Liabilities / Total Assets (LTM)	Est EPS CAGR (3Y)	Return On Equity % (LTM)
GOOGL	Alphabet Inc.	$1,758.50B	United Stat...	95	22.46%	31.1%	19.65%	25.33%
NVDA	NVIDIA Corporation	$1,202.26B	United Stat...	99	42.10%	38.6%	93.02%	69.17%
META	Meta Platforms, Inc.	$898.32B	United Stat...	98	23.42%	33.9%	31.98%	22.28%
ISRG	Intuitive Surgical, Inc.	$116.35B	United Stat...	92	22.53%	14.2%	16.93%	12.76%
SNPS	Synopsys, Inc.	$84.86B	United Stat...	90	20.85%	40.2%	19.11%	20.75%
CDNS	Cadence Design Systems, Inc.	$74.47B	United Stat...	94	24.42%	42.7%	16.44%	32.90%
ANET	Arista Networks, Inc.	$73.06B	United Stat...	96	33.97%	28.3%	21.14%	34.91%
TRI	Thomson Reuters Corporation	$64.54B	United Stat...	95	32.25%	42.2%	27.97%	18.53%
MNST	Monster Beverage Corporation	$57.16B	United Stat...	96	22.62%	15.5%	23.13%	21.32%
MLM	Martin Marietta Materials, Inc.	$30.49B	United Stat...	87	17.70%	47.7%	23.95%	14.93%
DECK	Deckers Outdoor Corporation	$18.14B	United Stat...	88	15.69%	37.0%	17.95%	37.00%
EQT	EQT Corporation	$15.88B	United Stat...	92	47.70%	42.1%	29.56%	24.69%
BAM	Brookfield Asset Management Ltd.	$15.32B	United Stat...	76	54.80%	19.1%	24.94%	19.05%
ELF	e.l.f. Beauty, Inc.	$7.99B	United Stat...	85	15.88%	30.9%	32.02%	27.85%
GNTX	Gentex Corporation	$7.50B	United Stat...	90	18.04%	11.3%	22.59%	18.48%

出典：Koyfin

★ スクリーニングで設けた基準
①「Trading Region」…United States and Canada、「Primary Security」…Yes、②「Market Cap」…USD・1000.0M、「EBIT Margin%（Country Sec R）」…50-100、「Income From Continuing Operations Margin %[LTM]」…15%、「Total Liabillities/Total Assets[LTM]」…〜50%、「Est EPS CAGR[3Y]」…15%〜、「Return On Equity %[LTM]」…12%〜

【時価総額】 株式市場における、上場会社の株の総評価価値。発行済株式数×株価＝時価総額。

絞り込んだ中で「この会社の商品、知っている！」とか、**知らない場合は少し調べてみて「面白そう！」と思うところがあれば、そこから企業分析を始めてみる。**このような流れになります。

ところで、このスクリーニングは「3. 債務 / 全資産 < セクター中央値」という基準をもとに、総債務が総資産の最大50％で設定してあるので、金融会社や工業関連の企業はほとんど外れてしまっています。それらの株も結果に出したい場合は、その条件を変える必要があります。

スクリーニングはあくまでも、「ウォッチリストに載せたい株のアイデアをもらう」というような気持ちで、利用するといいと思います。

ちなみにKoyfinのスクリーニングとウォッチリストは、それぞれ2つまで無料プランで保存できます。ウォッチリストの1つはこうしたスクリーニングの結果を、もう1つには一次情報やニュースやWhale Wisdomで興味を持った企業をリスト化しておく、という使い方もできるでしょう。

ウォッチリストを活用する

一次情報でも、こうした二次情報でも、「面白そう！」と思ったら私はまずウォッチリストに保存して、業績や株の値動きをモニターしていきます。

具体的には、Koyfinの各企業のページに飛んで、基本指標のキーデータを見て、次に株価のチャート（詳しくはCHAPTER 4）を見ます。そして「もっと時間をかけてリサーチする価値がありそうだ」と思ったら深掘りしていきます。その**深掘りの仕方が、これから説明する内容であり、"負けない株投資"の本丸**といえる部分です。

もしかしたら、一次情報や二次情報で「面白そう！」と思った時点で、投資を始めるものだと思っていませんでしたか？

この**ウォッチリストはあくまで予選**です。ここから本戦に進んで、最終的に残ったものだけに投資します。**私の場合でいえば、常に200社くらい入っているウォッチリスト個別株銘柄のうち、実際に投資するのは年に5～10銘柄くらい**です。それくらい緻密に分析を重ねないと、なかなか株では勝てません。運良く勝てたとしても、再現性がありません。

正確に言えば、**分析したからといって絶対に勝てるものでもありません**が、こうしておけば負ける確率を大幅に減らせると私は思います。

次のページから、私が投資する前にどんな情報をチェックしているのかをお教えしましょう。

最初はちょっと難しく感じるかもしれませんが、文字だけで伝わりづらい部分はXのスペースやYouTubeでの情報発信、今後企画しているセミナーなどでも補足説明していきます。ぜひ楽しみながら一緒に勉強して、世界レベルの投資力を自分のものにしてください。

注目すべき株・企業の探し方

- **二次情報となるアイデアソースは、大きく分けて3つある。**
  ①ニュースや記事で読んで興味を持った株
  ②株業界の大物が買っている株
  ③スクリーニングで条件に当てはまる株
- **①～③のいずれの場合も、ただ眺めたり、真似したりするだけではなく、「関心がある」「面白い」と自分が思ったものを深掘りしていく必要がある。**
- **もっと知りたいと思った株は「ウォッチリスト」に入れて、今後の動向などをみていく。**
- **徹底的に分析した上で株を買い、負けない投資を目指す。**

ファンダメンタル分析のススメ

やっている人が圧倒的に少ないのでかなり差がつく

気になる銘柄が見つかったらまず、Koyfin などのツールを使ってその株の主要なデータを調べ、さらに時間をかける価値があるかを見極めます。**このプレ調査で合格となったら、ファンダメンタル分析**に入ります。ファンダメンタル分析の流れとしては、

①すでに発表された過去の業績のトレンドや財務状態を把握する
②エクセルなどで業績モデルを作り、来期や来年の業績予想を作る
③エクセルなどで長期成長率と金利をもとに予想現在価値を計算する

となります。

つまりどんどんふるいにかけていくのです。気になった株の主要データをプレ調査で調べて、「いいな」と思ったら、①で過去データを見てみましょう。さらに「いいな」と思ったら②③に進む。「いまいちだ」と思ったら、また一次情報、二次情報にアンテナを張って他の株を探します。

この①②③のリサーチが、企業分析とかファンダメンタル分析と言われるものです。マクロ分析に対してミクロ分析と呼んだりもします。言葉は違っても意味することは同じです。

【ファンダメンタル分析】 会社の経営状況（財務内容や企業業績、株価指標）などを分析して、投資判断をすること。

この本では、プレ調査とファンダメンタル分析の①から③までのやり方を解説していますが、個人投資家では①でさえやっていない人がほとんどです。**①をやるだけでもかなり差がつく**と思います。

「自分はマクロやテクニカル分析だけでいい」というような確固たる方針があって企業分析をしないのはOKですが、単に「知らなかった」「面倒だから」「難しそう」という理由で分析しないのはもったいないです。それなら個別株よりもETFへの投資をおすすめします。

ファンダメンタル分析をすると、お買い得の株を見つけやすくなるだけではなく、値動きに対して無駄な一喜一憂がなくなります。 CHAPTER 5で詳述しますが、これが負けない投資のためにとても重要になってきます。

新人時代、この方法で企業分析をマスターした

冒頭でも触れましたが、私が新卒で配属されたのはスペインの銀行の融資審査部でした。いざ実地の分析となると、それまで大学で勉強した知識は机上の空論のように思えてしまいました。

その時は他銀行の分析をしていたのですが、そこで、上司に「一番業績の良い銀行はどれですか？」と尋ねました。以後、その銀行のデータと比べてどうか、と分析するようにしたら、単なる数字が生きた情報として立ち上がってきました。こうなればもう、後は場数を踏めばいいだけです。

 【値動き】相場が変動すること。

当時の私と同様、**これから企業分析を学ぼうという人は、１つ基準値を持つことをおすすめ**します。その意味で、本書ではアップルのデータを見ながら、財務情報の見方を説明していきます。

アップルは 2024 年２月現在、世界で２番目に価値のある（時価総額が高い）企業で、どの指標も非常に優等生です。他の企業のデータを見る時に「アップルと比べてどうだろう」と見比べると、良い基準になります。ただし「アップルより劣るからダメだ」というのではなく、「なぜ、違うんだろう」「こういう理由なら、むしろ有利かも」といった仮説を立ててみてください。それこそが分析であり、株の面白みです。

英語のツールをあえて使ってみよう

ここからは具体的にどんな数値を見るべきなのか。スクリーニングでも使った Koyfin で説明します。その他の情報サイトやツール、各企業が公開している IR 情報を使ってもらっても構いません。

ただし、ここは**頑張って、英語の情報に当たることをおすすめします。情報量が圧倒的に多く、公開スピードも早い**からです。

英語に苦手意識があっても、頻出する単語は限られます。その単語と数字をピックアップできればいいので、英語というより記号に近い感覚ですぐに慣れます。投資用語は日本語でも難しいので、かえって英語のほうが覚えやすいという声も聞きます。何より、これらの用語を知っていると、長文の投資レポートや音声・動画も自然に理解できるようになってくるので、一石二鳥です。では指標の説明に入ります。本書に載せた画像は文字が小さいので、パソコンなどで同時にツールを触りながら情報を追ってみると、わかりやすいと思います。

【基準値】選定の基準となる値のこと。

プレ・ファンダメンタル分析の仕方

図 3-10：アップルのOverview

出典：Koyfin

まずはKoyfinでのアップルのOverviewのページを見ます。図3-10の右上の**Key Data**から解説します。

Key Data（主要なデータ）

Dividend Yield（配当率）は、高ければ良いというものではありません。米国株の場合、アップルのようなグロース株は0〜1%以下というのが普通です。高配当株を狙う投資法でも、3%前後なら優良株とされています。逆に5%を超えると、なんらかの問題があると疑ったほうが賢明です。

【Dividend Yield】 配当利回り。株価に対する配当金の割合を示す、株式バリュエーション指標の1つ。1株当たりの年間配当金を、現在の株価で割ったもの。

Beta（ベータ）を見ると、S&P500と比べてこの株のボラティリティが大きいのか小さいのかがわかります。

つまり、株価がどれだけ乱高下するのかが予想できます。1ならS&P500と同じ。1より大きいほどボラティリティが高く、1以下なら低いことになります。例えばBeta = 1.3ならS&P500が1%上昇した時に、この株は1.3%上昇。S & P500が10%下落した時に、この株は13%下がる傾向があることになります。

ちなみにアップルが1.3だった時点でテスラは2.25。コカ・コーラは0.6。テスラのようにBetaが高い株はデイトレーダーに好まれますが、リスクも高まります。逆にコカ・コーラのようにBetaが低いと株はあまり高成長が望めないケースが多いです。**私は1～1.3くらいが長期投資にはちょうど良いかと思います。**

Volatility（ボラティリティ）のほうは指標に関係なく、その株が1年平均で何%動くかを計算したものです。

数値が大きければ、それだけボラティリティが高い＝値動きが激しいことになります。「Betaとどっちかでよいのでは？」と思うかもしれませんが、細かな分析をする時に使い分けるので、Koyfinでも併記されています。

ちなみに、Koyfinが非常に便利だと思う点の1つは、**Competitors（競合他社）**のティッカーシンボルまで載せているところです。

それぞれクリックすると各企業のページに飛べるので、瞬時に比較できます。Koyfinを使わない場合でも、ぜひデータを比較しながら検討する癖を付けてください。

【Beta】 ベータ。値動きが、市場とどのくらい連動しているかの度合いを示す値。1だったら市場と全く同じに動く。1より大きければよりボラが高く、1より小さければよりボラが低い。

Valuation（企業価値の評価データ）

次に見るのは**Valuation**（バリュエーション＝株価評価）のデータです。**P/E**は株価を1株あたりの純利益で割った比率（株価収益率）でしたね。これが企業価値を見る重要な指標となります。ちなみに、LTM（last twelve month）は過去12ヶ月の結果、**NTM（next twelve month）**は次の12ヶ月の予想です。大事なのはNTMのほう。NTMのP/Eは、ウォール街のアナリスト達の予想の平均（コンセンサス予想）をもとに計算されています。

さらに、P/Eの数字の上にマウスポインターをおくと、過去からの推移がグラフで現れます。今、過去に比べて割高なのか割安なのかを比較できます。数字が小さければ割安、大きければ割高です。

図3-11：アップルのPrice/Earnings-P/E（NTM）の過去推移のグラフ

出典：Koyfin

【Valuation】 バリュエーション。株価が割高か割安か判断する指標。数値が低いほど割安な「PER」「PBR」、高いほど割安な「配当利回り」「フリーキャッシュフロー利回り」などがある。

利益が出ていない、スタートアップなどの企業はP/Eが計算できません。そのような場合に代わりに使用するのが**EV/Sales（EV/売上高倍率）**と**EV/EBITDA倍率**です。

EV（Enterprise Value）とは株と債券の市場価値を足したもの。言い換えると、その企業を買収するために必要となる資金です。それを企業の売上で割った倍率がEV/Salesです。

EVをEBITDA（Earnings before Interest, Tax, Depreciation, Amortization）で割った倍率がEV/EBITDA倍率です。EBITDAとは企業活動のみ（金利や税金、減価償却などノンキャッシュアイテムを引く前）の利益が出ているかを見るための数字です。起業したばかりでまだ利益の出ていない会社は、まずはこのEBITDAがプラスになることを目指します。

Price/Book（P/BV）は、日本でいうところのPBR（株価純資産倍率）です。株価をBPS（Book Value Per Share＝1株あたりの純資産）で割った数字で、1株あたりの資産に対して株価が何倍あるかを示します。一般的には、倍率が高ければ高いほど、その会社にブランド価値があることになります。

このP/BVは後述する**ROE（Return on Equity＝自己資本利益率）**に深く関連し、ROEが高い会社はP/BVも高くなります。主にバリュー株投資（157ページ）で重要な指数です。バフェット氏のスクリーニング基準でも、ROEが登場していましたね。

【スタートアップ】 新規に事業を起こした企業のこと。ベンチャー企業とも。

 Capital Structure（資本構成のデータ）

このデータではバランスシート（貸借対照表）の健全さをチェックします。

Total Debt は総負債、つまり借金の総額です。

Cash & Inv.（Investment） は現金と短期有価証券のことで、すぐに引き出せる流動性の高い資産（短期流動資産）です。

借金総額が短期流動資産より少なければ、バランスシートはとても健全です。逆に借金がかなり多い企業は、バランスシートとキャッシュフロー計算書をもっと丁寧に見る必要があります。

バランスシートもキャッシュフロー計算書も、決算時に作成する「財務三表」の一部です。バランスシートは企業の財産の状況を、キャッシュフロー計算書はお金の流れを見ることができます。これについても、おいおい説明します。

 Analyst Estimates（成長率とトレンド予想）

図 3-10 の右下にある、Analyst Estimates（アナリストの業績予想）は過去のことではなく将来の予想なのでとても大事です。

Sales は売上。**EPS(Earnings Per Share)** は 1 株あたりの利益。どちらも大事なのは、成長率とそのトレンド（推移）です。Koyfin では、アナリスト達の予測が 3 年分並んでいるので、今後のトレンド予想の傾向がざっと掴めます。また、YoY（Year over Year）で前年比も計算されています。

【バランスシート】貸借対照表。ある時点における、会社の財政状態を示した計算書。事業資金の調達手段と、どのような資産を保有しているかを記す。

EPSの成長率が2桁以上あることが株投資の一応の目安とされていますが、1桁だからといって悪いわけではありません。事実、アップルは売上もEPSも1桁成長になっています。正直、冴えない数字ではありますが、個人的にアップルに投資している私でも、この数字を見たところで特に危機感は覚えません。

さらに、来期（NTM）のP/Eを来期のEPSの成長率で割ると**PEG（P/E to Growth）**という比率を出せます。例えばアップルの例なら、

P/E NTM28.2x ÷ EPS 2025 予想成長率 8.09%≒ PEG3.5

1を目安にして、それよりも低いほど株は割安とされています。アップルは3.5なので、かなり割高といえます。

ですが、アップルは利益率がズバ抜けて高いために、このような数値になります。いうまでもなく、利益率が高いのは良いことです。

比較のために、AI事業で急成長中のエヌビディアも見てみましょう。

P/E NTM28.1x ÷ EPS 2025 予想成長率 62.3% ≒ PEG0.45

かなり割安といえます。2026年の予想成長率20.8%で割っても1.35とアップルより割安です。

ですが、これはあくまでも目安であって、PEGが低いエヌビディアの株が、PEGが高いアップルの株より値上がりしやすいという保証ではありません。アップル、エヌビディアの場合は実際にここ18ヶ月ほどはまさにその通りになってはいますが、PEGが0.5以下でも全く伸びない株もたくさんあります。

【財務三表】 財務諸表のうち、特に重要な「貸借対照表」、「損益計算書」、「キャッシュフロー計算書」の3つを表す語。

図 3-12：エヌビディアの Overview

出典：Koyfin

他の指標にもいえますが、１つの数値を見て判断せず、トータルで見てどうなのか、が重要です。そもそも、基準より上だから良い、下だから悪いと、簡単には判断できません。

最初は難しく感じるかもしれませんが、ネットサーフィン感覚でいろいろな会社の数字を気軽に見てみてください。だんだん、その会社の特徴が見えてきて、面白くなってきます。

プレ・ファンダメンタル分析のしかた

- **まず Koyfin の Overview のページで、企業の各データを見る。**
- **Key Data（主要なデータ）、Valuation（企業価値の評価データ）、Capital Structure（資本構成のデータ）。最後に Analyst Estimates（成長率とトレンド予想）を参考に、さらに深掘りするか決める。**

【エヌビディア】アメリカの半導体メーカー。特に GPU（Graphics Processing Unit）の設計に特化している。

ファンダメンタル分析❶

過去データ分析 Highlights（重要データ）

さあ、気になった株がプレ調査合格と判断したら、ファンダメンタル分析に入りましょう。ここでもKoyfinを使って説明します。

Financial Analysis（財務分析）の Highlights（重要データ）

まずは**Financial Analysis（財務分析）の中のHighlights(重要データ)のページから始めます。**企業の財務データはQuarterly(四半期)とAnnual（年次）の2種類があり、まずは大きなトレンドを見るためにAnnualを覗きます。たくさんの数字に圧倒されるかもしれませんが、ここで見るべきは4つの項目だけです。引き続きアップルを例にし、私ならどう解釈するか添えます。

図3-13：アップルのFinancial Analysis – Highlights 年次

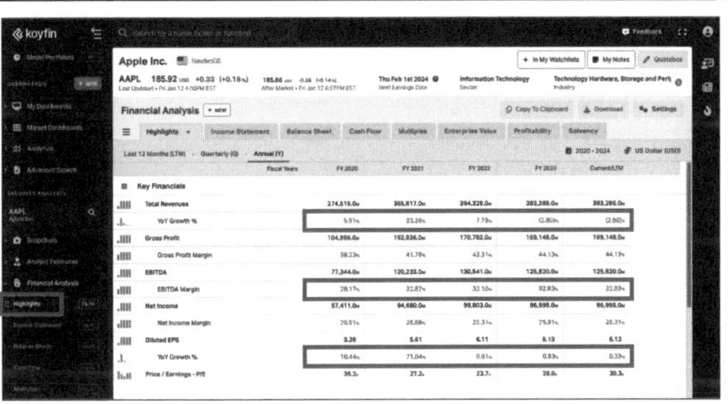

Fiscal Years	FY 2020	FY 2021	FY 2022	FY 2023	Current/LTM
Total Revenues	274,515.0	365,817.0	394,328.0	383,285.0	383,285.0
YoY Growth %	5.51%	33.26%	7.79%	(2.80)%	(2.80)%
Gross Profit	104,956.0	152,836.0	170,782.0	169,148.0	169,148.0
Gross Profit Margin	38.23%	41.78%	43.31%	44.13%	44.13%
EBITDA	77,344.0	120,233.0	130,541.0	125,820.0	125,820.0
EBITDA Margin	28.17%	32.87%	33.10%	32.83%	32.83%
Net Income	57,411.0	94,680.0	99,803.0	96,995.0	96,995.0
Net Income Margin	20.91%	25.88%	25.31%	25.31%	25.31%
Diluted EPS	3.28	5.61	6.11	6.13	6.13
YoY Growth %	10.44%	71.04%	8.91%	0.33%	0.33%
Price / Earnings - P/E	35.2x	27.2x	23.7x	29.0x	30.3x

出典：Koyfin

【財務データ】 企業の財政状況や経営成績などの財務状況をまとめた、財務諸表などのデータ。

Total Revenue（過去の売上）成長率

過去 3 年くらいの売上成長率を押さえましょう。過去から現在へのトレンドに注目してください。例えばアップルは 2021 年に成長率が急上昇しています（図 3-13）。コロナの影響によるリモートワークの前倒し需要でしょう。反発で 2022 年以降は減速しています。こういう場合、数年間の平均をとると長期の成長率を把握できます。アップルの 2020 年から 2023 年までの 3 年分の成長率を平均すると 12.3％です。

投資家は長期の成長率を計算するには **CAGR（Compound Annual Growth Rate ＝年間複合成長率）という計算式を好んで使います**が、ざっと把握できればいいので単純平均で大丈夫です。ちなみに CAGR で計算してみると、同じ 3 年間の成長率は 11.8％です。CAGR は成長率のばらつきをスムースにしてくれる効果があります。

とにかく、過去 4 年間でアップルの売上成長はだいたい年 12％。まあ合格点ですが、この期間はコロナ需要を含むので何とも言えない、というのが私の正直な感想です。

Gross Profit（粗利益）マージン、EBITDA マージン

Gross Profit（粗利益）と、117 ページにも登場した EBITDA。この 2 つがどう推移しているかのトレンドを見ておきます（図 3-14）。**ここでは成長率よりも、売上に対するマージン（利益率）の変化に注目**します。特に 2023 年のアップルのように売上がマイナ

【CAGR】 Compound Annual Growth Rate。複合年間成長率。特定の期間内における投資やビジネスの成長率を示した指標。CAGR ＝（終期値÷初期値）＾｛1 ÷（n)｝-1 で求める。

ス成長している時は、マージンがどう動くかが非常に大事です。

Current LTM（直近12ヶ月）のEBITDAマージンとGross Profitマージンは2022年とほぼ変わっていません。**売上がマイナス成長の年に、マージンを維持できるのは値上げをできる証拠。**アップルのブランド力の現れです。

もう少し検証を深めるために、Quarterlyの数字も見ておきます。2023年3Q（4～6月）と4Q（7～9月）は売上は前年比マイナスになっていますが、2つのマージンは微増しています。下がっている四半期もありますが、それでも、さすがはアップルです。

図3-14：アップルのFinancial Analysis – Highlights 四半期ごと

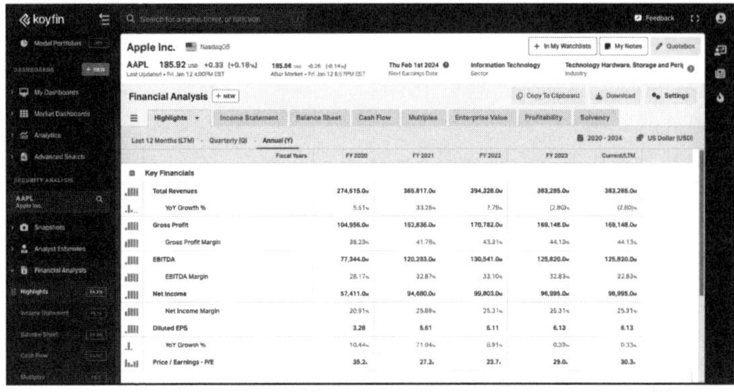

Fiscal Years	FY 2020	FY 2021	FY 2022	FY 2023	Current/LTM
Key Financials					
Total Revenues	274,515.0M	365,817.0M	394,328.0M	383,285.0M	383,285.0M
YoY Growth %	5.51%	33.26%	7.79%	(2.80)%	(2.80)%
Gross Profit	104,956.0M	152,836.0M	170,782.0M	169,148.0M	169,148.0M
Gross Profit Margin	38.23%	41.78%	43.31%	44.13%	44.13%
EBITDA	77,344.0M	120,233.0M	130,541.0M	125,820.0M	125,820.0M
EBITDA Margin	28.17%	32.87%	33.10%	32.83%	32.83%
Net Income	57,411.0M	94,680.0M	99,803.0M	96,995.0M	96,995.0M
Net Income Margin	20.91%	25.88%	25.31%	25.31%	25.31%
Diluted EPS	3.28	5.61	6.11	6.13	6.13
YoY Growth %	10.44%	71.04%	8.91%	0.33%	0.33%
Price / Earnings - P/E	35.2x	27.2x	23.7x	29.0x	30.3x

出典：Koyfin

Diluted EPS（過去の利益）成長率

Diluted（希薄化）とは、潜在株式（自社株購入権＝ストックオプション、転換社債などで将来発行される予定の株）も含めた株数のことです。その割り増しされた株数で割った1株あたりの利益がDiluted EPSです。

Basic EPS に対して Diluted EPS は分母が大きくなるので、値が小さくなります。薄められた EPS、より多くの水で割った水割りのようなイメージです。アナリスト達が分析に使うのはこの Diluted EPS のほうなので、ただ単に EPS という場合は、この Diluted EPS を指します。

さて、この Diluted EPS の成長率ですが、**アップルの場合、プラス成長している年は、売上成長率よりも率が高くなっています。**ここで、練習がてら「なぜだろう？」と考えてみましょう。

私なら、次に説明する Gross Profit マージンや EBITDA マージンが改善したから、と考えます。さらに、大量自社株買いをしたのかもしれない、と推察します。

自社株買いをする＝自分の会社の株を買うことによって、水割りの水を減らすような効果があります。水割りが濃くなる＝ Diluted EPS の値が大きくなる＝ Diluted EPS の成長率が高まる、というわけです。

この推察が当たっているかは、バランスシートを見ればわかります。発行株数が公表されているからです。実際、バランスシートを覗いてみると、発行株数が毎年下がっていることがわかりました(図3-15)。これは自社株買いをしていることの裏付けになります。今はこの説明自体を完璧に理解できなくても大丈夫です。

このように、ただ成長率を見るだけではなく、あれこれ思考を巡らせると財務分析が楽しくなること、投資家達はこうして楽しんでいることを感じてもらえたらと思います。

【Gross Profit（粗利益）マージン】 売上高総利益率。売上から売上原価を差し引いた「売上総利益」の売上に対する割合。数字が大きければ大きいほど良いとされる。

図3-15：アップルの発行株数の推移

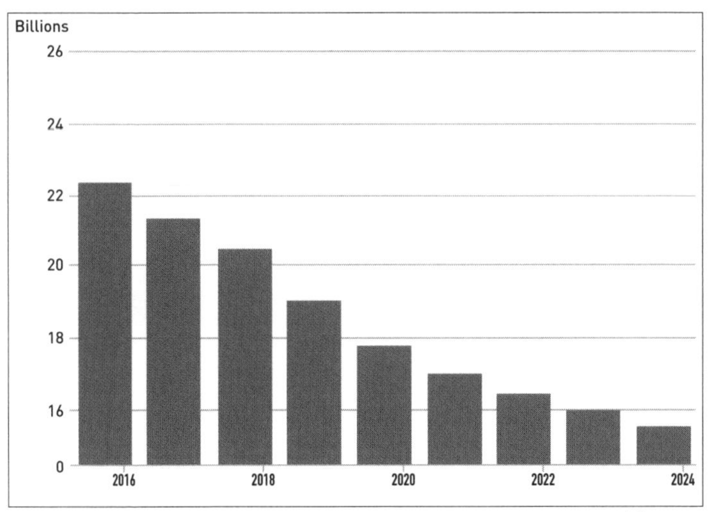

出典：Koyfin

ここまでで、たくさんの売上や利益に関する会計用語が出てきたので少し解説を入れておきます。

会計上、利益は5段階で算出します。まず売上から売上原価を引いたものがGross Income、日本では粗利益とも、売上総利益とも呼ばれます。Gross Incomeは原材料のように商品を作るのに直接かかる費用を、売上から引いた利益です。

バフェット氏のスクリーニング基準にあった「Operating Income（営業利益率）」は、Gross IncomeからSG & A Expenses（Selling, General and Administrative expenses＝販売費・一般管理費）を引いた利益です。こちらは売り上げの増減にかかわらずかかる費用、つまり固定費用を引いた額です。研究開発、マーケティング、人事、減価償却費など様々なカテゴリーの費用が売上から引かれます。

【EBITDAマージン】その企業が生み出すEBITDAが、売上高に対してどれくらいあるか（収益性）がわかる。EBITDAマージン＝EBITDA÷売上高で求める。

Operating Income は EBIT（Earnings Before Interest and Taxes）と同じです。EBIT に減価償却費（Depreciation & Amortization）を足して戻したものが EBITDA です。

そこから企業営利活動とは別に毎期起こる損益（金利の支払いなど）を引いたのが通常経常利益。さらに毎期起こらない損益（例えば資産売却益やリストラ費用など）を引いたのが税引き前純利益。最後に税金を引いたのが純利益です（図 3-16）。

図 3-16：5つの利益と EBITDA

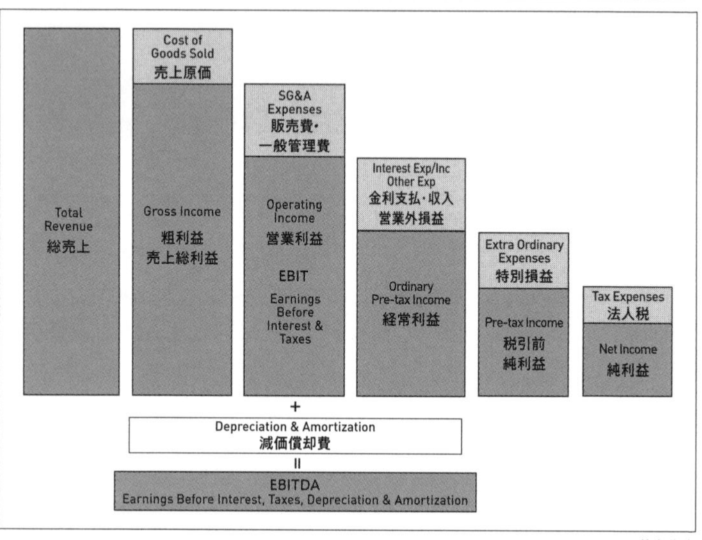

著者作成

Cash Flow（キャッシュフロー）分析

Highlights（重要データ）のページで最後に見るのはキャッシュフローです。ここで大事なのは、Cash from Operations（CFO＝営業キャッシュフロー）が成長しているかどうかです。つまり、本業での稼ぎの成長です。しかも、それがCapital Expenditure（資本的支出）よりも多いこと。**多ければ、成長のために必要な設備投資額よりも稼げていること**になります。こうした数字を見ると、改めてアップルの凄さがわかります（図3-17）。CFOはCapital Expenditureのほぼ10倍。比較のためにマイクロソフトも見てみましょう（図3-18）。やはり素晴らしく健全な会社ですが、比較すると、いかにアップルのキャッシュフローが並外れているかがわかります。ついでにアマゾンはどうかというと、マージン自体が低い上に設備投資額が大きいのでキャッシュフローがカツカツ（図3-19）です。流通にお金をかけているからでしょう。その結果、債務（借金）が毎年増えています。

図3-17：アップルのFinancial Analysis Highlights キャッシュフロー分析

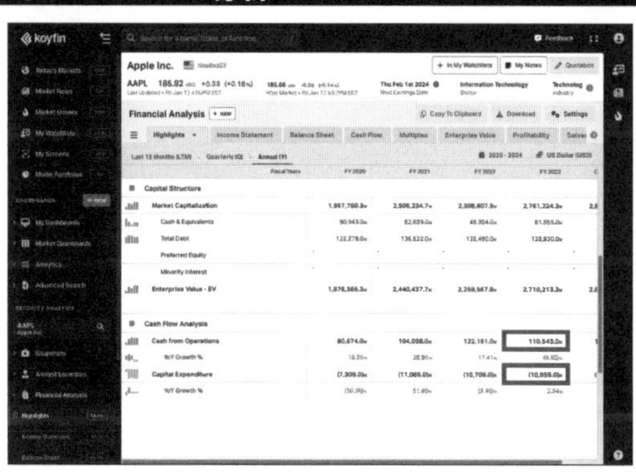

出典：Koyfin

【CFO（営業キャッシュフロー）】営業活動によるキャッシュフロー（お金の流れ）のこと。当期純利益に現金を使わない経費を足し戻し、運転資本の増減を調整した数字。

図 3-18：マイクロソフトとアマゾンの Financial Analysis Highlights キャッシュフロー分析

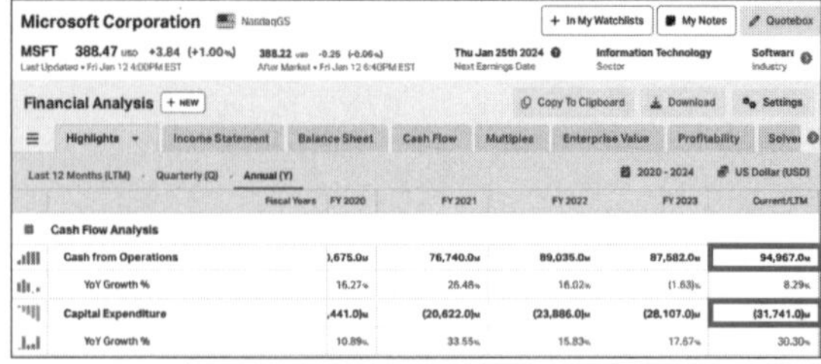

Fiscal Years	FY 2020	FY 2021	FY 2022	FY 2023	Current/LTM
Cash Flow Analysis					
Cash from Operations	),675.0	76,740.0	89,035.0	87,582.0	94,967.0
YoY Growth %	16.27%	26.48%	16.02%	(1.63)%	8.29%
Capital Expenditure	,441.0)	(20,622.0)	(23,886.0)	(28,107.0)	(31,741.0)
YoY Growth %	10.89%	33.55%	15.83%	17.67%	30.30%

Amazon.com, Inc. NasdaqGS
AMZN 154.62 USD -0.56 (-0.36%) 154.37 USD -0.25 (-0.16%)
Last Updated • Fri Jan 12 4:00PM EST After Market • Fri Jan 12 6:59PM EST
Fri Feb 2nd 2024 Next Earnings Date
Consumer Discretionary Sector

Financial Analysis

Fiscal Years	FY 2020	FY 2021	FY 2022	Current/LTM
Cash Flow Analysis				
Cash from Operations	66,064.0	46,327.0	46,752.0	71,654.0
YoY Growth %	71.53%	(29.88)%	0.92%	80.65%
Capital Expenditure	(40,140.0)	(61,053.0)	(63,645.0)	(54,733.0)
YoY Growth %	138.06%	52.10%	4.25%	(17.06)%

出典：Koyfin

図 3-19：アマゾン長期債務の推移

出典：Koyfin

さらに深掘りする：アップルのケーススタディ

「ファンダメンタル分析①過去のデータ分析」で見てきた重要データのページの財務データだけで、だいたいのイメージは掴めます。これらを比較検討できれば初心者は卒業です。

次のステップは、プレ分析で見たデータと重要データで見た財務データの中から、気になる数字にアンテナを立てて、自分なりの仮説・検証ができること。つまり**企業によって深掘りしていくデータが変わる**ということです。

私がアップルの Diluted EPS から自社株買いの推移が気になったり、CFO でマイクロソフト やアマゾンと比較したりしたのも仮説・検証の一端です。実はあの時、もう少し深掘りしたいと思った点が2つありました。

ここからはケーススタディとして見てみましょう。私自身、いつもこの通りに見ていくわけではありません。同じアップルでも別の時期の分析なら、または別の会社の場合なら、違う検証をすると思います。この例を参考に、これから自分でどんどん深掘りしてファンダメンタル分析を楽しんでください。

同時に、指標についてもう少し突っ込んだ解説もしていきます。このように知識を広げ、投資の実力が上がっていくのも分析の醍醐味です。

一例ではよくわからないかもしれませんが、今後も YouTube やセミナーなどで色々なケーススタディを公開していきますので、一緒に場数を踏んでいきましょう。とにかく実地経験あるのみです！

Profitability（利益率）

さて、アップルについて、何を、どうして深掘りしたいと思ったか。

まず、アップルは「売上の成長率が割と低いのに、バリュエーション（P/E と P/BV）が高いな」と思いました。その理由を検証するために、財務分析の Profitability（利益率）の詳細を見てみます（図 3-20）。具体的には ROE の数字です。この**自己資本利益率が高ければ、成長率が低くても高いバリュエーションは正当化できます。**

ここで各比率の関係性をおさらいしておきます。

図 3-20：ROE と P/E と P/BV の関係性

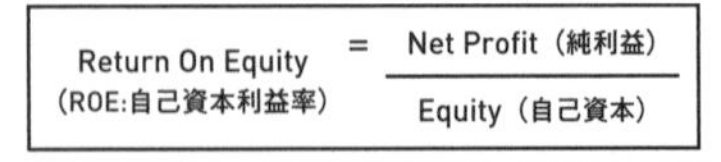

P/E（株価/EPS） = Price（株価）/ EPS × Shares Outstanding（発行済み株式数）/ Shares Outstanding = Market Cap（時価総額）/ Net Profit（純利益）

P/BV（株価/BVPS） = Price / BVPS（一株あたりの簿価） × Shares Outstanding / Shares Outstanding = Market Cap / Equity（自己資本）

ROE × P/E = Net Profit / Equity × Market Cap / Net Profit = Market Cap / Equity = P/BV

著者作成

P/BV の説明で少し触れたように、ROE と P/BV は密接に関係しています。P/E も同様です。この関係によって、ROE が高い会社は売上成長率が低くてもバリュエーションが高くなる傾向にあります。

バリュエーションが高くて ROE が低い会社はあまりなく、あったとしたら将来的に ROE の激増が期待されているからです。

【ROE】 Return On Equity（自己資本利益率）。出資金を元手に、どれだけの利益を上げたのかを数値化したもの。ROE＝当期純利益÷自己資本× 100 で求める。

これはグロース株に見られる傾向です。もちろん特殊な例外もあります。

ではアップルのROEを見てみましょう。なんとLTM（過去12ヶ月）のROEは約170%でした(図3-21)。もう桁違いのレベルです。103ページのバフェット氏のスクリーニング基準では12%以上あれば合格でした。アップルはなんとその14倍です！

通常、ブランド力の強い会社はROEが高くなります。なぜならそのブランド力を自社で築き上げた場合、その価値はバランスシートには載っていないからです。

どういうことか説明します。仮に誰かがアップルを買収するとしたら、買収する側はアップルの時価総額を買収の価格として払わなくてはなりません。2024年1月現在、約3兆ドルです。それに対してバランスシート上のアップルの自己資本は、約600億ドルしかありません。その差額の約2.9兆ドルは、買収した側のバランスシートにGoodwill（ブランド力）として計上されなくてはなりません。つまりバランスシートは巨大になり、よってROEは下がってしまいます。

けれど、アップルはそのブランド力を自分で築いたために、バランスシートには計上されません。よってROEは高いままです。

他にブランド力のある会社というとコカ・コーラやマイクロソフトが思い浮かびますが、それらのROEは約40%です。これもすごいですが、いかにアップルのROE約170%がすごい数字なのかがわかります。

【Goodwill】企業収益に直結するブランド力、技術力、優良顧客などの社会的信用力。買収時の価格が時価純資産額を上回る場合、その差額をグッドウィルの価格とみなす。

図 3-21：アップルの Financial Analysis – Profitability 年次

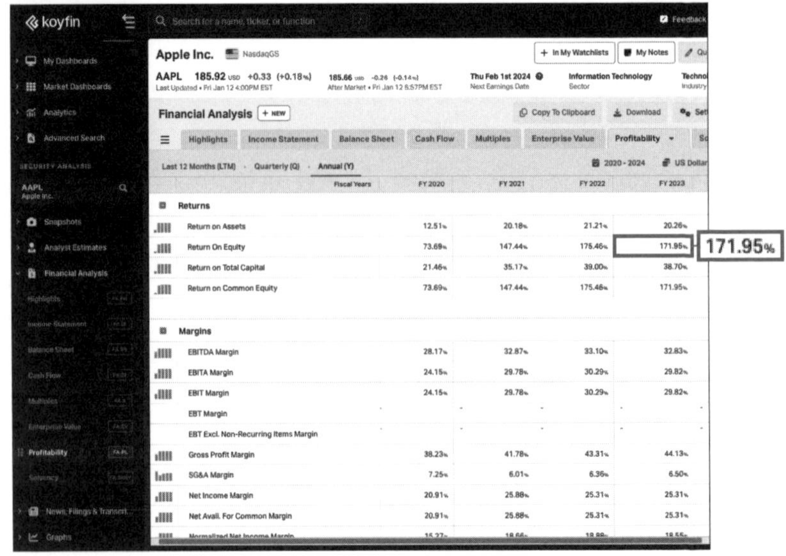

出典：Koyfin

図 3-22：ROE, P/E, PEG, 自社株買い, 自己資本比率の比較

Ticker	Name	Return On Equity % (LTM)	P/E (EST FY1)	PEG (NTM)	P/TBV (LTM)	Repurchase of Common Stock (LTM)	自己資本比率
• AAPL	Apple Inc.	171.95%	28.2x	3.32	46.3x	$-82.98B	17.63%
• MSFT	Microsoft Corpora...	39.11%	34.7x	2.58	20.0x	$-21.50B	49.51%
• NKE	NIKE, Inc.	36.03%	29.1x	2.43	11.7x	$-5.26B	38.02%
• KO	The Coca-Cola Co...	41.22%	22.5x	4.14	-	$-1.20B	26.98%
• HD	The Home Depot, ...	1,151.32%	23.6x	2.56	-	$-8.03B	1.89%
• AMZN	Amazon.com, Inc.	12.53%	57.7x	3.01	10.0x	$0.00M	37.58%
• GOOGL	Alphabet Inc.	25.33%	25.0x	1.55	7.4x	$-60.72B	68.87%

17.63%

1.89%

出典：Koyfin

さらに言えるのは、**ROEが高い会社は自社株買いをしていることが多い**、ということです。アップルの自社株買いについては、Diluted EPSを見た時にも少し検証しましたね。

自社株買いによってROEが高い、最も顕著な例がホーム・デポ(Home Depot)です。アメリカのホームセンターで、日本にも店舗があります。この会社は創業以来、稼いだお金以上を自社株買いに費やし、なんと自己資本率は1.89％です（図3-22)。ROEを計算する分母であるEquity（株主資本）が小さいので、ROEは1000％を超えます。こんなことができるのはホーム・デポの利益率がかなり高く、キャッシュフローが潤沢だからです。

ですが、私の見方では、これは健全とは言えません。さて、他の投資家ならどう判断するでしょうか。

ちなみに、Equity ratio（自己資本率）は、Total Common Equity（自己資本）をTotal Assets（総資産）で割ったものです。図3-22にもあるように、この時点のアップルの自己資本率は17.6％。テクノロジー企業の中では低いほうです。

自己資本率が低いということは、それだけ負債が多いということ。**フリーキャッシュフロー（FCF＝自由に使えるお金）が潤沢でない会社で負債が多いとバランスシートは不健全になります**が、アップルの場合、先ほどの重要データのページでキャッシュフローの健全性は確認済みです。

Cash Flow（キャッシュフロー）の詳細

さらに私は、アップルの Cash Flow の項目を深掘りしたいと思いました。改めて説明すると、**Cash Flow の詳細を見ると会社が稼いだお金を何に使っているのかがわかります。**個人の家計でも、収入から食費、住居費、光熱費、交際費などを払った後に残ったお金を何に使っているかは人それぞれですよね。株に投資する人、家を買うために積み立てる人、車を買う人、クレカや学生ローンの返済に当てる人……などいろいろです。企業も同様で、その使い方で経営方針や将来性を分析できます。

さてアップルは何にお金を使っているのか？　順に見ていきます（図 3-23）。

まず、**Net Income（当期純利益）**。これは 125～126 ページで示した 5 つの利益のうちの最後の全てを引いたものです。単に純利益とも呼ばれます。

キャッシュフロー分析では、ここに“実際には使っていないお金”を足して検討します。例えば、**Depreciation（減価償却費）**です。

Depreciation を自動車を例に説明します。会計上、車は約 5 年で無価値になると考えられます。そうなると、ビジネスの会計上では 5 年間毎年、その車の購入代の 5 分の 1 を経費で落とせます。その分、Net Income は引き下げられるので法人税を節約できますが、実際に企業がそのお金を使ったわけではありません。そこで、キャッシュフローの計算では Add Back（足して戻す）されます。

図 3-23：アップルのキャッシュフロー（Koyfin）

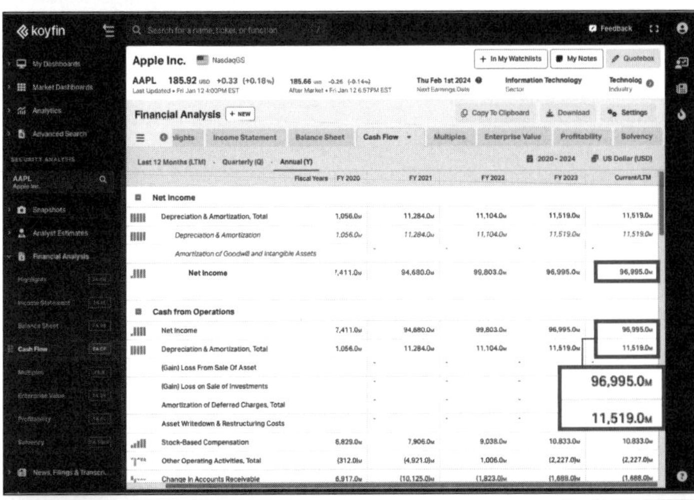

Apple Inc. NasdaqGS

AAPL 185.92 USD +0.33 (+0.18%)

Financial Analysis

Highlights | Income Statement | Balance Sheet | Cash Flow | Multiples | Enterprise Value | Profitability | Solvency

Last 12 Months (LTM) · Quarterly (Q) · Annual (Y)

Fiscal Years	FY 2020	FY 2021	FY 2022	FY 2023	Current/LTM
Net Income					
Depreciation & Amortization, Total	1,056.0M	11,284.0M	11,104.0M	11,519.0M	11,519.0M
Depreciation & Amortization	1,056.0M	11,284.0M	11,104.0M	11,519.0M	11,519.0M
Amortization of Goodwill and Intangible Assets	-	-	-	-	-
Net Income	,411.0M	94,680.0M	99,803.0M	96,995.0M	96,995.0M
Cash from Operations					
Net Income	7,411.0M	94,680.0M	99,803.0M	96,995.0M	96,995.0M
Depreciation & Amortization, Total	1,056.0M	11,284.0M	11,104.0M	11,519.0M	11,519.0M
(Gain) Loss From Sale Of Asset	-	-	-	-	-
(Gain) Loss on Sale of Investments	-	-	-	-	
Amortization of Deferred Charges, Total	-	-	-	-	
Asset Writedown & Restructuring Costs	-	-	-	-	
Stock-Based Compensation	6,829.0M	7,906.0M	9,038.0M	10,833.0M	10,833.0M
Other Operating Activities, Total	(312.0)M	(4,921.0)M	1,006.0M	(2,227.0)M	(2,227.0)M
Change In Accounts Receivable	6,917.0M	(10,125.0)M	(1,823.0)M	(1,688.0)M	(1,688.0)M

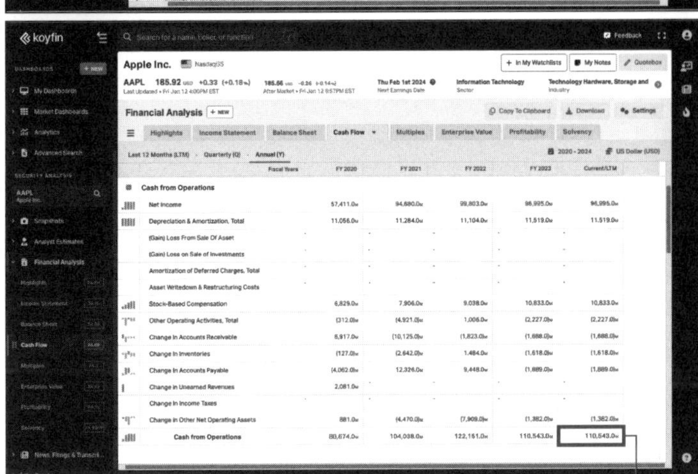

Apple Inc. NasdaqGS

AAPL 185.92 USD +0.33 (+0.18%)

Financial Analysis

Highlights | Income Statement | Balance Sheet | Cash Flow | Multiples | Enterprise Value | Profitability | Solvency

Last 12 Months (LTM) · Quarterly (Q) · Annual (Y)

Fiscal Years	FY 2020	FY 2021	FY 2022	FY 2023	Current/LTM
Cash from Operations					
Net Income	57,411.0M	94,680.0M	99,803.0M	96,995.0M	96,995.0M
Depreciation & Amortization, Total	11,056.0M	11,284.0M	11,104.0M	11,519.0M	11,519.0M
(Gain) Loss From Sale Of Asset	-	-	-	-	-
(Gain) Loss on Sale of Investments	-	-	-	-	-
Amortization of Deferred Charges, Total	-	-	-	-	-
Asset Writedown & Restructuring Costs	-	-	-	-	-
Stock-Based Compensation	6,829.0M	7,906.0M	9,038.0M	10,833.0M	10,833.0M
Other Operating Activities, Total	(312.0)M	(4,921.0)M	1,006.0M	(2,227.0)M	(2,227.0)M
Change In Accounts Receivable	6,917.0M	(10,125.0)M	(1,823.0)M	(1,688.0)M	(1,688.0)M
Change In Inventories	(127.0)M	(2,642.0)M	1,484.0M	(1,618.0)M	(1,618.0)M
Change In Accounts Payable	(4,062.0)M	12,326.0M	9,448.0M	(1,889.0)M	(1,889.0)M
Change in Unearned Revenues	2,081.0M	-			
Change In Income Taxes		-		-	
Change in Other Net Operating Assets	881.0M	(4,470.0)M	(7,909.0)M	(1,382.0)M	(1,382.0)M
Cash from Operations	80,674.0M	104,038.0M	122,151.0M	110,543.0M	110,543.0M

出典：Koyfin

このように Add Back されるノンキャッシュアイテムは、他に、ストックオプションで払われた報酬や Goodwill の償却などがあります。

それらのノンキャッシュアイテムを加えた金額に、さらにビジネスをする上で必要な **Working Capital（運転資金）**の増減を足したものが **CFO** です。

Working Capital は、例えば材料を仕入れて品物を作り、顧客から料金を払ってもらうまでの期間、売掛金・買掛金のタイミングなどで増減します。この運転資金が減れば CFO は増えます。反対に、運転資金が増えれば CFO は減ります。

例えば仕入れ先には 3 ヶ月後に材料費を払えばいい。一方売った先はその場で現金で払ってくれる。そうなると、運転資金が減るので CFO は増えます。逆に仕入れ先にはすぐに払わなくてはならない。売った先からの支払いは 3 ヶ月先。そうなると運転資金が増えるので CFO は減ります。それが運転資金のコンセプトです。

ではここで、アップルの Net Income にノンキャッシュアイテムと運転資金の増減を加えた CFO を見てみましょう。

直近の決算時点で LTM の Net Income が約 970 億ドル。CFO が約 1105 億ドルでした。この 1105 億ドルが、アップルが営業活動として稼ぎ、事業をさらに伸ばすべく、使い道を考える資金となります。家計で言うところの月末に余ったお金です。さあ、旅行に行きますか？　勉強に使いますか？　それとも株投資？

アップルが何にお金を使ったのか、知りたいですよね？　それがわかるのが図 3-24 の **Cash from Investing** の部分です。

図3-24：アップルのキャッシュフロー　Cash from Investing

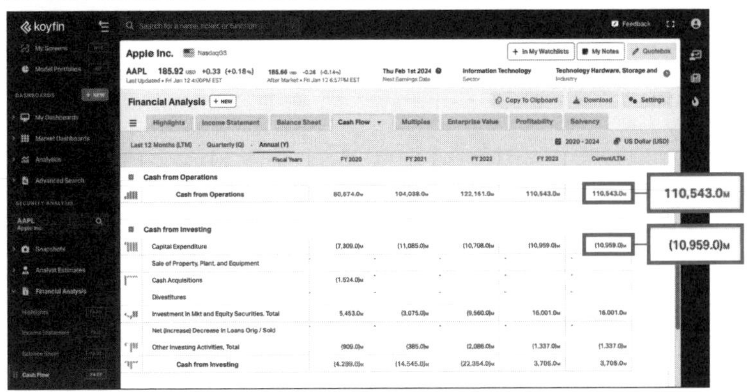

出典：Koyfin

まずCFO（営業キャッシュフロー）の約10％がCAPEX（設備投資額）に充てられています。事業を続け、成長させるために必要な機械や工場、土地、オフィス家具、オフィスビルなど、後に減価償却されるような資産の購入です。CAPEXは家計で言うところの、大きな家電や自動車を買うイメージです。この**CAPEXがCFOに対して少ないほど、その事業は資本効率が高い**、ということになります。

事実、アップルは資本効率が高いです。電子機器の製造小売業ですが、自社ではデザインをするだけで、実際に製造するのは別会社に発注しているからです。例えばiPhoneは世界最大の電子機器受託生産企業のフォックスコン（Foxconn）に発注しています。自社で製造をすると、大規模な工場や機械を買うことになり、資本効率はもっと落ちるでしょう。

ただし、**必ずしも資本効率が高ければ良い、というわけではありません。**

例えばテスラはアップルとは逆で、全ての製造工程を自社で行っています。そのため、CAPEX は CFO の約 7 割にもなっており、資本効率は低いことになります（図 3-25）。ですが、自社で製造過程を完全コントロールすることにより、他の自動車会社よりも高い利益率を維持できます。また供給チャンネルも、他社に依存するアップルよりずっとコントロールしやすくなります。

図 3-25：テスラのキャッシュフロー Cash from Investing

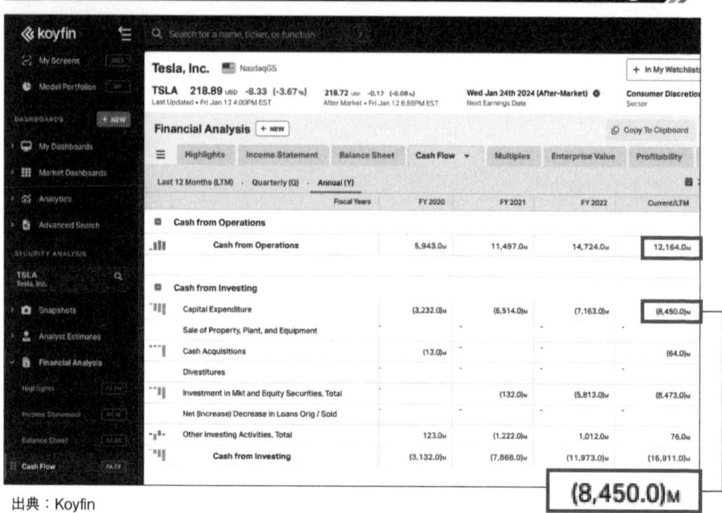

出典：Koyfin

そうはいっても、**他の条件が全て同じなら、資本効率が高い会社のほうが投資家には魅力的**に映ります。なぜなら、それだけフリーキャッシュフロー（FCF）が増えるからです。

フリーキャッシュフローは会社が自由に使えるお金です。CFO から CAPEX を引いた金額が FCF です。EPS よりも、FCF に注目する投資家も多いくらい大事な指標です。

さて、図3-24に戻ってCash from Investing部分のInvestment in Mkt and Equity Securitiesの数字に注目してみると、アップルは有価証券（アメリカ国債など）を160億ドルほど現金化していることがわかります。

図3-24のクローズアップ

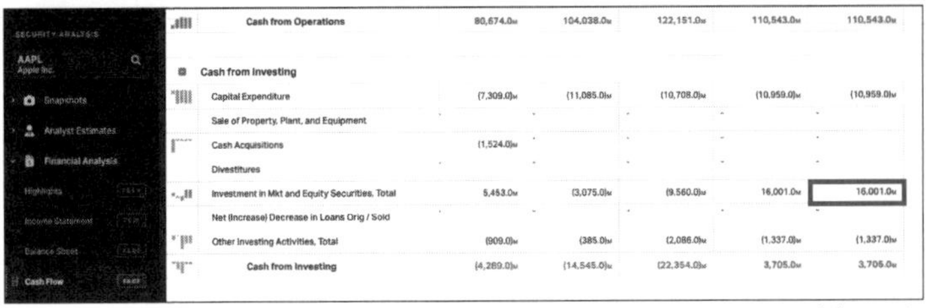

SECURITY ANALYSIS
AAPL
Apple Inc.
Snapshots
Analyst Estimates
Financial Analysis
Highlights
Income Statement
Balance Sheet
Cash Flow

Cash from Operations	80,674.0M	104,038.0M	122,151.0M	110,543.0M	110,543.0M
Cash from Investing					
Capital Expenditure	(7,309.0)M	(11,085.0)M	(10,708.0)M	(10,959.0)M	(10,959.0)M
Sale of Property, Plant, and Equipment	-	-	-	-	-
Cash Acquisitions	(1,524.0)M	-	-	-	-
Divestitures	-	-	-	-	-
Investment in Mkt and Equity Securities, Total	5,453.0M	(3,075.0)M	(9,560.0)M	16,001.0M	16,001.0M
Net (Increase) Decrease in Loans Orig / Sold	-	-	-	-	-
Other Investing Activities, Total	(909.0)M	(385.0)M	(2,086.0)M	(1,337.0)M	(1,337.0)M
Cash from Investing	(4,289.0)M	(14,545.0)M	(22,354.0)M	3,705.0M	3,705.0M

出典：Koyfin

これは良いタイミングで自社株買いができるように、債券を現金化しているのかもしれません。自社株買いの他、負債の返済にも充てているのだろうと推測できます。

仮に、有価証券を買い増した場合は、この数字がマイナス（現金残高が減る）になります。アップルの場合はプラスなので売った（現金残高が増えた）ということです。

こうして手元に残ったお金で負債を返済したり、自社株買いをしたりする流れがわかるのがCash from Financingのセクションです。

では実際に今期、アップルは何に残ったお金や現金化したお金を使ったのでしょうか？　それがわかるのが、図3-26のCash from Financingの部分です。これは、家計で言うところの借金返済です。

アップルは負債を約100億ドル減らし、自社株を約830億ドル分買い戻し、配当を約150億ドル支払っています。まさにキャッシュフローマシーンです。ここまで見てアップルのお金の使い道がイメージできました。

図 3-26：アップルのキャッシュフロー Cash from Financing

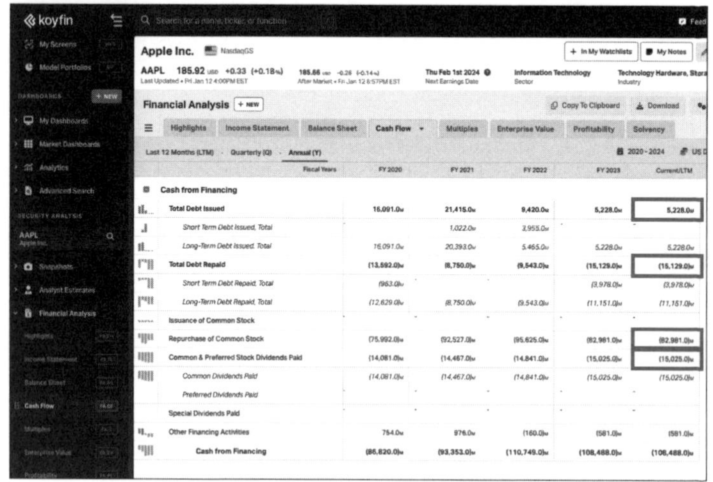

Fiscal Years	FY 2020	FY 2021	FY 2022	FY 2023	Current/LTM
Cash from Financing					
Total Debt Issued	16,091.0M	21,415.0M	9,420.0M	5,228.0M	5,228.0M
Short Term Debt Issued, Total	-	1,022.0M	3,955.0M	-	-
Long-Term Debt Issued, Total	16,091.0M	20,393.0M	5,465.0M	5,228.0M	5,228.0M
Total Debt Repaid	(13,592.0)M	(8,750.0)M	(9,543.0)M	(15,129.0)M	(15,129.0)M
Short Term Debt Repaid, Total	(963.0)M	-	-	(3,978.0)M	(3,978.0)M
Long-Term Debt Repaid, Total	(12,629.0)M	(8,750.0)M	(9,543.0)M	(11,151.0)M	(11,151.0)M
Issuance of Common Stock	-	-	-	-	-
Repurchase of Common Stock	(75,992.0)M	(92,527.0)M	(95,625.0)M	(82,981.0)M	(82,981.0)M
Common & Preferred Stock Dividends Paid	(14,081.0)M	(14,467.0)M	(14,841.0)M	(15,025.0)M	(15,025.0)M
Common Dividends Paid	(14,081.0)M	(14,467.0)M	(14,841.0)M	(15,025.0)M	(15,025.0)M
Preferred Dividends Paid	-	-	-	-	-
Special Dividends Paid	-	-	-	-	-
Other Financing Activities	754.0M	976.0M	(160.0)M	(581.0)M	(581.0)M
Cash from Financing	(86,820.0)M	(93,353.0)M	(110,749.0)M	(108,488.0)M	(108,488.0)M

出典：Koyfin

企業分析で株を買う？　買わない？

以上、ファンダメンタル分析①の過去データ企業分析をしてきて、私なりに2023年9月30日時点（2024年1月現在、直近のデータ）のアップルの財務状況をまとめると、次のようになります。

- **アップルの株は世界で2番目に時価総額が高いけれど、実はボラティリティはマイクロソフトやアルファベット（Google）より高い。**
- **今のP/Eは過去の平均で見ると高いけれど、コロナ後の平均で見るとちょうど平均あたり。**
- **2023年は売上がマイナス成長。でも、これはコロナ需要の前倒しのせい。2024年には3～4%の売上の伸びが期待される。とはいえ、この成長率では、もはやグロース株とは言い難い。**
- **アップルのキャッシュフローは最強。自社株買いを実行しているのでROEが桁違い。**
- **Equity ratioは他のテクノロジー企業に比べると低いけれど、キャッシュフローが潤沢なのでバランスシートは健全。**

さて、あなたならどうしますか？　株を買いますか？　買いませんか？　難しいですよね。

実は、**ファンダメンタル分析①の企業の過去データ分析は「買わない理由」を見つけるのには非常に有効ですが、それだけで株の購入を決めるのは難しい**のです。

私個人の意見では、企業の過去データ分析には主に3つの目的があります。

1. 業績が良くない、財務状態が健全ではない企業をよく知らずに買ってしまうリスクを排除できる。
2. 業績をよく把握することによって、確信が増し、株を買った後、もし株が下がった時に振り落とされるリスクを減らす。
3. 自分なりに株価のフェアバリュー（適正価格）を導き出し、買うべきかを見極める。

このうち、**1と2が私にとっては特に大事**です。特に財務状況をよく把握していない企業の株を買うと、大暴落した時に怖くなって底値で投げ売りしてしまう可能性が非常に高くなります。そうなると大負けです。

企業の過去データ分析で買うべき理由を探すというより、買わない理由を探して、買うべきでない企業の株をよく知らずに買ってしまうリスクを下げるのです。買った後に変な株価で売ってしまわないために、あらかじめ企業の力を自分なりに見定めておく。この重要性は実際に投資してみると身にしみるでしょう。

過去データの分析で、**3**のフェアバリューを導き出すのは、資産に隠れた価値があるような企業を見つけるバリュー投資向きです。それには、かなりの業界知識と場数を踏む必要があるので、かなり難易度が高いです。

最終的に株を買うか買わないかの判断は、自分がその企業がこれからどれくらい業績を伸ばせると思うか、そして自分の予想と市場の予想のギャップがどれくらいあるかによります。

つまり、過去の分析ではなく未来の予想です。でも未来の予想をするためには、まずは過去の分析が必要なのです。

未来予想のために、ここからファンダメンタル分析②の業績予想モデル（144ページ）を作り、公開されているアナリストの予想に対して自分の予想を検証します。そして、ファンダメンタル分析③の企業価値の予想モデル（153ページ）も作って、株価に織り込まれている長期の成長率も計算します。

ですが、実際問題として、ここまでの①の過去データ分析さえしていない市場参加者がほとんどです。Koyfinのようなツールで投資候補の財務状況を見ておくだけでも、**1**と**2**の目的は果たせます。これだけで、ずいぶん優位に立てるでしょう。

長期で成長している。利益率も平均以上。バランスシートは健全で、キャッシュフローも潤沢である。これだけ確認できたら、CHAPTER 4に進み、テクニカル分析で買い場を見極めて、株を買う。これだけでも、かなり負けの確率を減らせると思います。

ちょっと振り返ってみよう

ここでファンダメンタル分析①は終わりです。ここまで勉強してきたところで、103ページで見たバフェット氏のスクリーニングの条件をもう一度読んで見てください。初めはよくわからなかったそれらの項目のメリットが、なんとなくわかるようになったのではないでしょうか？　であればすごい成長です！

ファンダメンタル分析❷

業績予想（四半期、来年度）

株価が上がる理由

株価が上がる理由はごまんとあります。下がる理由もまた然り。ですが、個別株の場合、最終的に長期で株価が伸びるか伸びないかは、「決算（業績）の伸び」がものを言います。金利や経済、地政学リスクなどといったマクロの影響も大きいですが、結局、**その会社の業績が市場参加者の予想以上に伸びれば株価は上がり、予想以下なら下がります。**

肝は「予想以上」「予想以下」の部分です。株価は「予想と現実のギャップ」で動きます。つまり、株価の行く先を当てようと思ったら、2段階で正解を出す必要があるのです。

1. まず、予想を当てなくてはならない。
2. その予想がすでに織り込み済みかどうか、当てなくてはならない。

例えば、アップルがコンセンサスを大きく上回る決算を出したとします。でも、株が下がることがあります。これは市場参加者が「アップルはコンセンサスを上回る決算を出す」と予想していたからです。つまり、1の予想は合っていたけれど、それはすでに織り込み済みだった、ということになります。

でも、やり始めると楽しくなってきます。まずは**1**の予想を当てることから挑戦しましょう。

業績予想モデルが分析の肝になる

予想を当てるには、当然、まず予想を立てなければなりません。「でも、業績予想なんてどうすればいいの？」と思いますよね。その答えが、ヘッジファンドが行う分析の肝ともいえる業績予想のモデル（Earnings Model）です。これは表計算ソフトを使います。

実際に私が作った、2023年末時点のアップルの業績予想モデルを図3-27に掲載します。このモデルは163ページのリンクからダウンロードできます。皆さんにも使ってもらえるようにかなり簡略化していますが、これで十分こと足ります。

このモデルに必要なデータを入力し、自分で業績予想を立ててみます。そして、決算が発表されたら、自分の予想値と比べながら結果を入力します。そしてまた、来期の業績予想を立てます。

決算ごとにこのプロセスを何回か繰り返すと、その会社のことがよくわかるようになってきます。これを繰り返すと勘どころも掴めてきます。

KoyfinやYahoo! ファイナンスなどでも決算の情報は見られるのに、なぜ自分でモデルを作る必要があるのかというと、そうした情報サイトでは項目が標準化されているからです。企業によって売上の詳細や経費の分け方などの項目が違うのですが、情報サイトでは一律に全ての企業のデータを同じように落とし込んでいます。それによって企業特有の特徴やトレンドを見逃しがちです。

例えばアップルの場合なら、私が最重要視するRevenue Detail(売上の内容）は情報集計サイトでは見ることができません。地域別、プロダクト別の売上データは、アップルの決算プレスリリース（IR情報）でしか見ることができないのです。

アップルの決算プレスリリースはPDFです。情報をモデルに手で入力して、その数字をベースに業績予想を立てていく。現時点では、このやり方が最善です。

業績予想の立て方は、この章の最後で説明しています。初めは難しいかもしれませんが、できるようになると決算やビジネスニュースが楽しくなります。頑張って挑戦してみてください。

図 3-27：業績予想モデル Earnings Model アップル

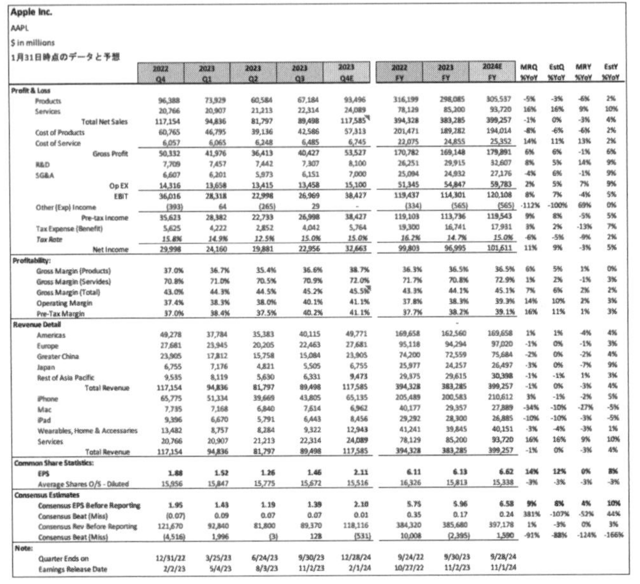

Apple Inc.
AAPL
$ in millions
1月31日時点のデータと予想

	2022 Q4	2023 Q1	2023 Q2	2023 Q3	2023 Q4E	2022 FY	2023 FY	2024E FY	MRQ %YoY	EstQ %YoY	MRY %YoY	EstY %YoY
Profit & Loss												
Products	96,388	73,929	60,584	67,184	93,496	316,199	298,085	305,537	-5%	-3%	-6%	2%
Services	20,766	20,907	21,213	22,314	24,089	78,129	85,200	93,720	16%	16%	9%	10%
Total Net Sales	117,154	94,836	81,797	89,498	117,585	394,328	383,285	399,257	-1%	0%	-3%	4%
Cost of Products	60,765	46,795	39,136	42,586	57,313	201,471	189,282	194,014	-8%	-6%	-6%	2%
Cost of Service	6,057	6,065	6,248	6,485	6,745	22,075	24,855	25,352	14%	11%	13%	2%
Gross Profit	50,332	41,976	36,413	40,427	53,527	170,782	169,148	179,891	6%	6%	-1%	6%
R&D	7,709	7,457	7,442	7,307	8,100	26,251	29,915	32,607	8%	5%	14%	9%
SG&A	6,607	6,201	5,973	6,151	7,000	25,094	24,932	27,176	-4%	6%	-1%	9%
Op EX	14,316	13,658	13,415	13,458	15,100	51,345	54,847	59,783	2%	5%	7%	9%
EBIT	36,016	28,318	22,998	26,969	38,427	119,437	114,301	120,108	8%	7%	-4%	5%
Other (Exp) Income	(393)	64	(265)	29	-	(334)	(565)	(565)	-112%	-100%	69%	0%
Pre-tax Income	35,623	28,382	22,733	26,998	38,427	119,103	113,736	119,543	9%	8%	-5%	5%
Tax Expense (Benefit)	5,625	4,222	2,852	4,042	5,764	19,300	16,741	17,931	3%	2%	-13%	7%
Tax Rate	*15.8%*	*14.9%*	*12.5%*	*15.0%*	*15.0%*	*16.2%*	*14.7%*	*15.0%*	-6%	-5%	-9%	2%
Net Income	29,998	24,160	19,881	22,956	32,663	99,803	96,995	101,611	11%	9%	-3%	5%
Profitability:												
Gross Margin (Products)	37.0%	36.7%	35.4%	36.6%	38.7%	36.3%	36.5%	36.5%	6%	5%	1%	0%
Gross Margin (Servides)	70.8%	71.0%	70.5%	70.9%	72.0%	71.7%	70.8%	72.9%	1%	2%	-1%	3%
Gross Margin (Total)	43.0%	44.3%	44.5%	45.2%	45.5%	43.3%	44.1%	45.1%	7%	6%	2%	2%
Operating Margin	37.4%	38.3%	38.0%	40.1%	41.1%	37.8%	38.3%	39.3%	14%	10%	2%	3%
Pre-Tax Margin	37.0%	38.4%	37.5%	40.2%	41.1%	37.7%	38.2%	39.1%	16%	11%	1%	3%
Revenue Detail							-					
Americas	49,278	37,784	35,383	40,115	49,771	169,658	162,560	169,658	1%	1%	-4%	4%
Europe	27,681	23,945	20,205	22,463	27,681	95,118	94,294	97,020	-1%	0%	-1%	3%
Greater China	23,905	17,812	15,758	15,084	23,905	74,200	72,559	75,684	-2%	0%	-2%	4%
Japan	6,755	7,176	4,821	5,505	6,755	25,977	24,257	26,497	-3%	0%	-7%	9%
Rest of Asia Pacific	9,535	8,119	5,630	6,331	9,473	29,375	29,615	30,398	-1%	-1%	1%	3%
Total Revenue	117,154	94,836	81,797	89,498	117,585	394,328	383,285	399,257	-1%	0%	-3%	4%
iPhone	65,775	51,334	39,669	43,805	65,135	205,489	200,583	210,612	3%	-1%	-2%	5%
Mac	7,735	7,168	6,840	7,614	6,962	40,177	29,357	27,889	-34%	-10%	-27%	-5%
iPad	9,396	6,670	5,791	6,443	8,456	29,292	28,300	26,885	-10%	-10%	-3%	-5%
Wearables, Home & Accessaries	13,482	8,757	8,284	9,322	12,943	41,241	39,845	40,151	-3%	-4%	-3%	1%
Services	20,766	20,907	21,213	22,314	24,089	78,129	85,200	93,720	16%	16%	9%	10%
Total Revenue	117,154	94,836	81,797	89,498	117,585	394,328	383,285	399,257	-1%	0%	-3%	4%
Common Share Statistics:												
EPS	**1.88**	**1.52**	**1.26**	**1.46**	**2.11**	**6.11**	**6.13**	**6.62**	**14%**	**12%**	**0%**	**8%**
Average Shares O/S - Diluted	15,956	15,847	15,775	15,672	15,516	16,326	15,813	15,338	-3%	-3%	-3%	-3%
Consensus Estimates												
Consensus EPS Before Reporting	**1.95**	**1.43**	**1.19**	**1.39**	**2.10**	**5.75**	**5.96**	**6.58**	**9%**	**8%**	**4%**	**10%**
Consensus Beat (Miss)	(0.07)	0.09	0.07	0.07	0.01	0.35	0.17	0.24	381%	-107%	-52%	44%
Consensus Rev Before Reporting	121,670	92,840	81,800	89,370	118,116	384,320	385,680	397,178	1%	-3%	0%	3%
Consensus Beat (Miss)	(4,516)	1,996	(3)	128	(531)	10,008	(2,395)	1,590	-91%	-88%	-124%	-166%
Note:												
Quarter Ends on	12/31/22	3/25/23	6/24/23	9/30/23	12/28/24	9/24/22	9/30/23	9/28/24				
Earnings Release Date	2/2/23	5/4/23	8/3/23	11/2/23	2/1/24	10/27/22	11/2/23	11/1/24				

著者作成

業種や企業タイプによる違い

アップルの場合、Koyfin でバランスシートやキャッシュフローまで見ましたが、モデルを作るのは売上（Revenue）と利益（Earnings）を予想するためなので、その情報は省いています。

ですが、**業種によってはバランスシートの情報が大切になる**こともあります。例えば銀行などはバランスシートに載っているローンや債券などの利鞘で稼ぐので、それらの成長が決算の鍵を握ります。そのような業種の場合は、バランスシートの情報をモデルに載せる必要があります。エネルギーやマテリアル関連の業種もバランスシートが大切になってきます。

テクノロジー関連の企業はほとんどの場合、バランスシートの情報は必要ありませんが、EPS がまだマイナスで利益の出ていないグロース株などの場合は、キャッシュフローの情報が非常に大事になってきます。ですから、その情報もモデルに掲載します。

このようにケースバイケースではありますが、モデル作りに慣れてくると、業績による株価への影響を予想する時にどのデータが必要かがわかるようになり、企業によって自分でモデルに必要なデータを含めたり省いたりできるようになります。それまでは私が作成したモデルをベースにして、少しずつ応用してみてください。

この本からはアップルの他、タイプの違う 3 社のモデルをダウンロードできるようにしています。アップルのモデルと見比べてみると、それぞれ特有の項目があります。簡単に解説しておきます。

エヌビディア（NVIDIA）の業績モデル

エヌビディアのモデルはアップルより行数が多くなっています。それは業績を予想する際に、次の情報が必要だからです。

まず、Adjusted Income（調整後の利益）。エヌビディアは社員の給料をストックオプションなどで払うことがあります。一部の社員は給料をお金ではなく、自社株を買う権利でもらうということです。その場合、オプションの価値を現金に置き換えた金額は営業利益から引かれますが、実際にはお金を使っていないので、Adjusted Income ではその分が足し戻されます（Add Back）。アナリストがEPS を予想する時、この Adjusted Income を使います。これはテクノロジー関連の企業に多い傾向です。

図 3-28：業績予想モデル Earnings Model エヌビディア

NVIDIA
NVDA
$ in millions
1月31日時点のデータと予想

	2023 Q1	2023 Q2	2023 Q3	2023 Q4E	2022 FY	2023 FY	2024 FYE	% MRQ YoY	% Est YoY	% MRQ QoQ	% Est QoQ
Earnings											
Revenue	7,192	13,507	18,120	21,000	26,914	26,974	59,819	101%	206%	88%	34%
Cost of Revenue	2,544	4,045	4,720	5,145	9,440	11,618	16,454	7%	71%	59%	17%
Gross Profit	4,648	9,462	13,400	15,855	17,474	15,356	43,365	225%	322%	104%	42%
R&D	1,875	2,040	2,294	2,400	5,267	7,338	8,609	12%	18%	9%	12%
SG&A	633	622	689	770	2,166	2,440	2,714	5%	9%	-2%	11%
Other	-	-			-	(1,353)	-				
Op EX	2,508	2,662	2,983	3,170	7,433	11,131	11,323	10%	16%	6%	12%
EBIT	2,140	6,800	10,417	12,685	10,041	4,225	32,042	1263%	1633%	218%	53%
Interest Income	150	187	234	250	28	267	821	307%	166%	25%	25%
Interest Expenses	66	65	63	63	236	263	257	0%	-3%	-2%	-3%
Other (Exp) Income	(15)	59	(66)	13	108	(47)	(9)	-1280%	500%	-493%	-212%
Pre-tax Income	2,209	6,981	10,522	12,885	9,941	4,182	32,597	1370%	1616%	216%	51%
Tax Expense (Benefit)	166	793	1,279	1,933	188	(186)	4,171	-538%	-2009%	378%	61%
Tax Rate	*7.5%*	*11.4%*	*12.2%*	*15.0%*	*1.9%*	*-4.4%*	*12.8%*	-130%	-211%	51%	7%
Net Income	2,043	6,188	9,243	10,952	9,753	4,368	28,426	843%	1259%	203%	49%
Adjusted Income											
Net Income	2,043	6,188	9,243	10,952	9,753	4,368	28,426	843%	1259%	203%	49%
Stock Based Comp	708	811	941	1,000	2,065	2,579	3,460	33%	32%	15%	16%
Total Non-GAAP Adjustments, Net	670	552	777	777	1,506	3,997	2,776	-13%	0%	-18%	41%
Adjusted Net Income	**2,713**	**6,740**	**10,020**	**11,729**	**11,259**	**8,365**	**31,202**	422%	588%	148%	49%
Profitability:											
Gross Margin	64.6%	70.1%	74.0%	75.5%	64.9%	56.9%	72.5%	61%	38%	8%	6%
Operating Margin	29.8%	50.3%	57.5%	60.4%	37.3%	15.7%	53.6%	576%	467%	69%	14%
Pre-Tax Margin	30.7%	51.7%	58.1%	61.4%	36.9%	15.5%	54.5%	629%	462%	68%	12%
Revenue Detail											
Compute & Networking	4,460	10,402	14,645	17,400	13,594	16,012	46,907	166%	284%	133%	41%
Graphic	2,797	3,105	3,475	3,600	13,320	10,962	12,977	11%	64%	11%	12%
Total Revenue	7,257	13,507	18,120	21,000	26,914	26,974	59,884	101%	206%	86%	34%
Data Center	4,284	10,323	14,514	17,215	12,020	14,875	46,336	171%	279%	141%	41%
Gaming	2,240	2,486	2,856	3,000	11,055	9,197	10,582	22%	81%	11%	15%
Professional Visualization	295	379	416	450	2,111	1,544	1,540	-24%	108%	28%	10%
Automotive	296	253	261	260	566	903	1,070	15%	4%	-15%	3%
OEM & Other	77	66	73	75	1,162	455	291	-53%	0%	-14%	11%
Total Revenue	7,192	13,507	18,120	21,000	26,914	26,974	59,819	101%	206%	88%	34%
Common Share Statistics:											
GAAP EPS	0.82	2.48	3.71	4.39	3.85	1.75	11.39	850%	1262%	202%	50%
Adjusted EPS	**1.09**	**2.70**	**4.02**	**4.70**	**4.45**	**3.36**	**12.51**	425%	590%	149%	49%
Average Shares O/S - Diluted	2,490	2,499	2,494	2,495	2,530	9,982	9,978	-1%	0%	0%	0%
Next Q Guidance (GAAP)											
Revenue	11,000	16,000	20,000	22,000				171%	233%		
Gross Margin	68.6%	71.5%	75.5%	76.0%				15%	19%		
GAAP Op-expenses	2,710	2,950	3,170	3,250				14%	24%		
Consensus Estimates											
Quarterly EPS Before Reporting	0.92	2.07	3.39	4.52	4.17	3.32	12.29	-37%	-34%	35%	14%
Consensus Beat (Miss)	0.17	0.63	0.63	0.18	0.28	0.04	0.22				
Quarterly Rev Before Reporting	6,520	11,090	16,070	20,210	25,910	28,040	58,860	-14%	-19%	-28%	3%
Consensus Beat (Miss)	672	2,417	2,050	790	1,004	(1,066)	959	-63%	-87%	-108%	-72%
Operating Expense Guidance	2,530	2,710	2,950	3,170	7,390	11,160	11,360	32%	27%	5%	-1%
Op Ex Beat (Miss)	22	48	(33)	-	(43)	29	37				
Annual EPS Current Year	4.55	8.06	10.83	12.29							
Annual EPS Next Year	6.16	11.52	16.05	20.23							
Next Year EPS Growth	35.4%	42.9%	48.2%	64.6%							
Note:											
Quarter Ends on	4/30/23	7/30/23	10/29/23	1/28/24	1/30/21	1/29/23	1/28/24				
Earnings Release Date	5/24/23	8/23/23	11/21/23	2/21/24	2/16/22	2/22/23	2/21/24				

著者作成

【ストックオプション】企業が従業員や取締役などの特定の個人に対して、自社の株式をあらかじめ決められた価格で取得できる権利を与える制度。

また、Next Q Guidance（次四半期の業績予想）も追加しています。エヌビディアは毎回決算を出す時に、次の四半期のガイダンス（業績予想）を発表します。実は、このガイダンスが実際の決算の数字よりも株価を動かします。よって、エヌビディアのようにガイダンスを毎回出す企業のモデルにはガイダンスを書き留めておきます。

Annual EPS Current Year, Next Year（今期、来期EPS予想）も設けています。エヌビディアのように急成長している企業では、今期と来期のEPS予想が四半期ごとに、どう変わっているかが非常に大事になってきます。モデルをアップデートする時に、その時のコンセンサス予想を書き留めておきます。

モンゴDB（Mongo DB）の業績モデル

データベース事業のモンゴDBは大きく成長が期待できる、情報技術セクターのハイパーグロース株ですが、まだ正式には利益が出ていない、いわゆる“Profitless Tech”（儲かっていないテクノロジー企業）の1つです。そのため、エヌビディアよりもさらに行数が長くなっています。　表中のNon-GAAP IncomeはAdjusted Incomeと同義語です。同社はNon-GAAPという言葉を使うので、ここではそのまま使っています。GAAP（Generally Accepted Accounting Principles）とはアメリカの上場企業が決算書を出す時の会計基準です。ですが、多くの企業がGAAPだけでは業績の実態を把握しにくいため、独自の基準で計算した決算書を株主に提供します。モンゴDBもガイダンスを出しますが、それはNon-GAAPに基づいているので、その意味でも大切です。

この Non-GAAP の中に先ほど説明した Gross Profit（粗利益）と EBIT（利払前・税引前利益）がありますが、これらもモンゴ DB の場合、GAAP の数字とは異なります。

Customer Growth（顧客の伸び）も載せています。同社は SaaS（Software as a Service）の会社で、自社が作ったソフトをサブスクリプションで顧客に提供しています。こういう場合、売上も大事ですが、顧客の伸び率も非常に大事になってきます。この数字もプレスリリースに毎期公表されているので、モデルに載せて変遷を見ていきます。

Cash Flow（キャッシュフロー）と Balance Sheet（バランスシート）の必要最小限のデータも載せています。

図 3-29：業績予想モデル Earnings Model モンゴ DB

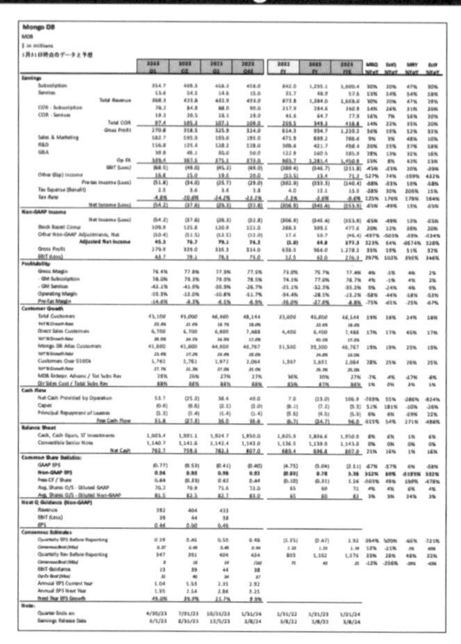

Mongo DB
MDB
$ in millions
1月31日時点のデータと予想

	2023 Q1	2023 Q2	2023 Q3	2023 Q4E	2022 FY	2023 FY	2024 FYE	MRQ %YoY	EstQ %YoY	MRY %YoY	EstY %YoY
Earnings											
Subscription	354.7	409.3	418.3	418.0	842.0	1,235.1	1,600.4	30%	20%	47%	30%
Services	13.6	14.5	14.6	15.0	31.7	48.9	57.6	13%	14%	54%	18%
Total Revenue	368.3	423.8	432.9	433.0	873.8	1,284.0	1,658.0	30%	20%	47%	29%
COR - Subscription	78.2	84.8	88.0	90.0	217.9	284.6	340.9	14%	26%	31%	20%
COR - Services	19.3	20.5	19.1	19.0	41.6	64.7	77.9	16%	7%	56%	20%
Total COR	97.4	105.3	107.1	109.0	259.5	349.3	418.8	14%	22%	35%	20%
Gross Profit	270.8	318.5	325.9	324.0	614.3	934.7	1,239.2	36%	19%	52%	33%
Sales & Marketing	182.7	195.0	193.6	195.0	475.9	699.2	766.4	9%	3%	48%	10%
R&D	116.8	125.4	128.2	128.0	308.8	421.7	498.4	20%	15%	37%	18%
G&A	39.8	46.1	50.0	50.0	122.9	160.5	185.9	28%	13%	31%	16%
Op Ex	339.4	367.5	371.3	373.0	903.7	1,281.4	1,450.8	15%	8%	42%	13%
EBIT (Loss)	(68.5)	(49.0)	(45.3)	(49.0)	(289.4)	(346.7)	(211.8)	-45%	-33%	20%	-39%
Other (Exp) Income	16.8	15.0	19.6	20.0	(13.5)	13.4	71.3	527%	74%	-199%	432%
Pre-tax Income (Loss)	(51.8)	(34.0)	(25.7)	(29.0)	(302.9)	(333.3)	(140.4)	-68%	-53%	10%	-58%
Tax Expense (Benefit)	2.5	3.6	3.6	3.8	4.0	12.1	13.5	-28%	30%	205%	15%
Tax Rate	-4.8%	-10.6%	-14.2%	-13.1%	-1.3%	-3.6%	-9.6%	125%	176%	178%	164%
Net Income (Loss)	(54.2)	(37.6)	(29.3)	(32.8)	(306.9)	(345.4)	(153.9)	-65%	-49%	13%	-55%
Non-GAAP Income											
Net Income (Loss)	(54.2)	(37.6)	(29.3)	(32.8)	(306.9)	(345.4)	(153.9)	-65%	-49%	13%	-55%
Stock Based Comp	109.9	125.8	130.8	131.0	288.3	399.5	477.6	20%	12%	39%	20%
Other Non-GAAP Adjustments, Net	(10.4)	(11.5)	(12.5)	(12.0)	17.6	10.7	(46.4)	-497%	-503%	-39%	-534%
Adjusted Net Income	**45.3**	**76.7**	**79.1**	**76.2**	**(1.0)**	**64.8**	**277.3**	323%	64%	-6674%	328%
Gross Profit	270.9	319.0	335.3	334.0	638.5	966.0	1,278.2	35%	19%	51%	32%
EBIT (Loss)	43.7	78.1	78.3	75.0	12.5	62.0	276.3	297%	103%	396%	346%
Profitability											
Gross Margin	76.4%	77.8%	77.9%	77.5%	73.0%	75.7%	77.4%	4%	-5%	4%	2%
- GM Subscription	78.0%	79.3%	79.0%	78.5%	74.1%	77.0%	78.7%	4%	-1%	4%	2%
- GM Services	-42.1%	-41.0%	-30.9%	-26.7%	-31.1%	-32.3%	-35.2%	9%	-24%	4%	9%
Operating Margin	-15.3%	-12.0%	-10.8%	-11.7%	-34.4%	-28.1%	-13.2%	-58%	-44%	-18%	-53%
Pre-Tax Margin	-14.6%	-8.3%	-6.1%	-6.9%	-36.0%	-27.0%	-8.8%	-75%	-65%	-25%	-67%
Customer Growth											
Total Customers	43,100	45,000	46,400	48,144	33,000	40,800	48,144	19%	18%	24%	18%
YoY % Growth Rate	22.8%	21.6%	18.7%	18.0%		22.6%	18.0%				
Direct Sales Customers	6,700	6,700	6,800	7,488	4,400	6,400	7,488	17%	17%	45%	17%
YoY % Growth Rate	28.0%	24.3%	16.3%	17.0%		45.0%	17.0%				
Mongo DB Atlas Customers	41,800	41,600	44,800	46,767	31,500	39,300	46,767	19%	19%	25%	19%
YoY % Growth Rate	21.4%	17.2%	18.4%	19.0%		24.8%	19.0%				
Customers Over $100k	1,761	1,761	1,872	2,064	1,307	1,651	2,064	28%	25%	26%	25%
YoY % Growth Rate	27.7%	21.3%	27.0%	25.0%		26.3%	25.0%				
MDB Enterpr. Advanc / Tot Subs Rev	28%	26%	27%	27%	36%	30%	27%	-7%	4%	-17%	-8%
Dir Sales Cust / Total Subs Rev	88%	88%	88%	88%	85%	87%	88%	1%	0%	3%	1%
Cash Flow											
Net Cash Provided by Operation	53.7	(25.3)	38.4	40.0	7.0	(13.0)	106.9	-769%	55%	-286%	-924%
Capex	(0.6)	(0.6)	(2.1)	(2.0)	(8.1)	(7.3)	(5.3)	51%	181%	-10%	-26%
Principal Repayment of Leases	(1.3)	(1.4)	(1.4)	(1.4)	(5.6)	(4.5)	(5.5)	6%	6%	-19%	22%
Free Cash Flow	51.8	(27.3)	35.0	36.6	(6.7)	(24.7)	96.0	-515%	54%	271%	-486%
Balance Sheet											
Cash, Cash Equiv, ST Investments	1,903.4	1,901.1	1,924.7	1,950.0	1,825.9	1,836.6	1,950.0	8%	6%	1%	6%
Convertible Senior Note	1,140.7	1,141.6	1,142.4	1,143.0	1,136.5	1,139.0	1,143.0	0%	0%	0%	0%
Net Cash	762.7	759.5	782.3	807.0	689.4	696.8	807.0	25%	16%	1%	16%
Common Share Statistics:											
GAAP EPS	(0.77)	(0.53)	(0.41)	(0.40)	(4.75)	(5.04)	(2.11)	-67%	-57%	6%	-58%
Non-GAAP EPS	**0.56**	**0.93**	**0.96**	**0.92**	**(0.02)**	**0.78**	**3.38**	352%	80%	-6193%	332%
Free CF / Share	0.64	(0.33)	0.42	0.44	(0.10)	(0.31)	1.16	-503%	49%	190%	-478%
Avg. Shares O/S - Diluted GAAP	70.2	70.9	71.6	72.0	65	69	71	4%	4%	6%	4%
Avg. Shares O/S - Diluted Non-GAAP	81.5	82.5	82.7	83.0	65	80	82	3%	3%	24%	3%
Next Q Guidance (Non-GAAP)											
Revenue	392	404	433								
EBIT (Loss)	39	44	38								
EPS	0.46	0.50	0.46								
Consensus Estimates											
Quarterly EPS Before Reporting	0.19	0.46	0.50	0.48	(1.35)	(2.47)	1.92	394%	500%	-65%	-721%
Consensus Beat (Miss)	0.37	0.48	0.46	0.44	1.33	1.25	1.38	13%	-15%	-7%	40%
Quarterly Rev Before Reporting	347	391	404	434	803	1,102	1,676	33%	28%	48%	32%
Consensus Beat (Miss)	8	18	19	(10)	71	48	25	-12%	-256%	-39%	-40%
EBIT Guidance	13	39	44	38							
OpEx Beat (Miss)	31	40	34	37							
Annual EPS Current Year	1.04	1.53	2.35	2.92							
Annual EPS Next Year	1.55	2.14	2.86	3.25							
Next Year EPS Growth	49.0%	39.9%	21.7%	9.0%							
Note:											
Quarter Ends on	4/30/23	7/31/23	10/31/23	1/31/24	1/31/22	1/31/23	1/31/24				
Earnings Release Date	6/1/23	8/31/23	12/5/23	3/8/24	3/8/22	3/8/23	3/8/24				

同社はNon-GAAPでは利益が出ていますが、GAAPではまだ利益が出ていないので、キャッシュフローはポジティブな数字になっているか、バランスシートは健全かどうかもモニターする必要があるためです。

アルベマール（Albemarle）の業績モデル

アルベマールは電気自動車の電池に必要なリチウムを生産する会社です。グロース株ではなく、どちらかというとバリュー株です。

この会社はエヌビディアのようにストックオプションを出したりはしませんが、Non-recurring Item（今期だけの特別収入・支出）があります。そのため、同社のガイダンスもアナリストの予想もNon-GAAPの数字に基づくので、Non-GAAPのセクションが必要です。

また、利益は出ているのですが、キャッシュフローがあまり潤沢でないことと、CAPEX（設備投資額）が大きいことから、キャッシュフローとバランスシートの情報も載せてあります。

特にバランスシートのデータではInventories（在庫）が重要です。バランスシートで一番大きな数字ですし、リチウムの値段が上がっている時は含み益、下がっている時は含み損の指標になるので、将来の業績のヒントになります。また、この数字で、非常時に値段を下げて在庫を売れば借金が返せるかどうかを見ることもできます。

同社は、EPSのガイダンスの他にキャッシュフローとCAPEXのガイダンスも公開しています。ただし、そのガイダンスは来四半期ではなく今期（年間）を通してのものなので、その点注意が必要です。

図 3-30：業績予想モデル Earnings Model アルベマール

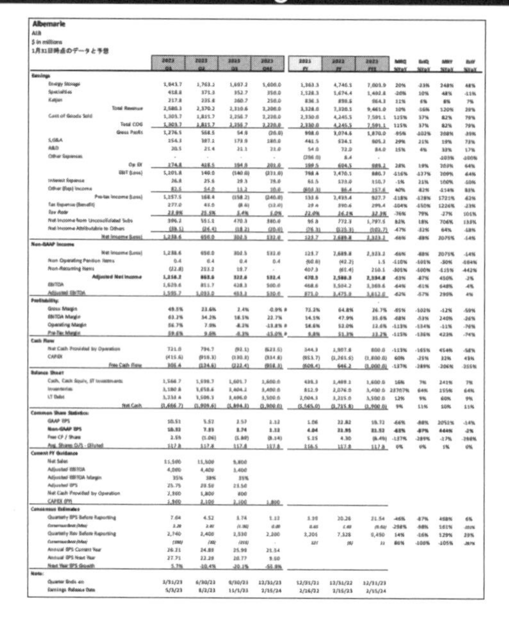

Albemarle
ALB
$ in millions
1月31日時点のデータと予想

	2023 Q1	2023 Q2	2023 Q3	2023 Q4E	2021 FY	2022 FY	2023 FYE	MRQ %YoY	QoQ %YoY	MRY %YoY	QoY %YoY
Earnings											
Energy Storage	1,843.7	1,763.2	1,607.2	1,600.0	1,363.3	4,746.5	7,003.9	20%	-33%	248%	48%
Specialties	418.8	371.3	352.7	350.0	1,128.3	1,674.4	1,492.8	-20%	10%	48%	-11%
Ketjen	217.8	235.4	360.7	250.0	836.3	899.6	964.3	11%	6%	8%	7%
Total Revenue	2,580.3	2,370.2	2,310.6	2,200.0	3,328.0	7,320.5	9,461.0	10%	-16%	120%	29%
Cost of Goods Sold	1,303.7	1,815.7	2,256.7	2,220.0	2,330.0	4,245.5	7,591.1	125%	37%	82%	79%
Total COG	1,303.7	1,815.7	2,256.7	2,220.0	2,330.0	4,245.5	7,591.1	115%	37%	82%	79%
Gross Profit	1,276.5	568.5	54.0	(20.0)	998.0	3,074.6	1,870.0	-95%	-102%	208%	-39%
SG&A	254.3	387.1	173.0	180.0	441.5	534.1	805.2	29%	21%	19%	73%
R&D	20.5	21.4	21.1	21.0	54.0	72.0	84.0	15%	4%	33%	17%
Other Expenses	-	-	-	-	(296.0)	8.4	-			-103%	-100%
Op EX	274.8	428.5	194.0	201.0	199.5	604.5	889.2	28%	19%	203%	64%
EBIT (Loss)	1,201.8	140.0	(140.0)	(221.0)	798.4	2,470.1	880.7	-116%	-177%	209%	-64%
Interest Expense	26.8	25.6	29.3	29.0	61.5	123.0	110.7	-1%	21%	100%	-10%
Other (Exp) Income	82.5	54.0	11.2	10.0	(603.3)	86.4	157.6	40%	-82%	-114%	83%
Pre-tax Income (Loss)	1,257.5	168.4	(158.2)	(240.0)	133.6	2,433.4	927.7	-118%	-178%	1721%	-62%
Tax Expense (Benefit)	277.0	43.0	(8.6)	(12.0)	29.4	390.6	299.4	-104%	-150%	1226%	-23%
Tax Rate	22.0%	25.5%	5.4%	5.0%	22.0%	16.1%	32.3%	-76%	79%	-27%	101%
Net Income from Unconsolidated Subs	396.2	551.1	470.3	380.0	95.8	772.3	1,797.5	82%	18%	706%	133%
Net Income Attributable to Others	(39.1)	(24.4)	(18.2)	(20.0)	(76.3)	(125.3)	(102.7)	-47%	-32%	64%	-18%
Net Income (Loss)	1,238.6	650.0	302.5	132.0	123.7	2,689.8	2,323.2	-66%	-88%	2075%	-14%
Non-GAAP Income											
Net Income (Loss)	1,238.6	650.0	302.5	132.0	123.7	2,689.8	2,323.2	-66%	-88%	2075%	-14%
Non Operating Pension Items	0.4	0.4	0.4	0.4	(60.6)	(42.2)	1.5	-110%	-101%	-30%	-104%
Non-Recurring Items	(22.8)	213.2	19.7	-	407.3	(61.4)	210.1	-305%	-100%	-115%	-442%
Adjusted Net Income	**1,216.2**	**863.6**	**322.6**	**132.4**	**470.5**	**2,586.3**	**2,534.8**	-63%	-87%	450%	-2%
EBITDA	1,629.6	811.7	428.3	500.0	468.6	3,504.2	3,369.6	-64%	-61%	648%	-4%
Adjusted EBITDA	1,595.7	1,093.0	453.3	530.0	871.0	3,475.9	3,612.0	-62%	-57%	299%	4%
Profitability:											
Gross Margin	49.5%	23.6%	2.4%	-0.9% #	73.2%	64.8%	26.7%	-95%	-102%	-12%	-59%
EBITDA Margin	63.2%	34.2%	18.5%	22.7%	14.5%	47.9%	35.6%	-68%	-53%	240%	-26%
Operating Margin	56.7%	7.0%	-8.2%	-13.8% #	58.6%	52.0%	12.6%	-113%	-134%	-11%	-76%
Pre-Tax Margin	59.6%	9.6%	-6.3%	-15.0% #	6.8%	51.3%	13.2%	-115%	-136%	423%	-74%
Cash Flow											
Net Cash Provided by Operation	721.0	794.7	(92.1)	(623.5)	344.3	1,907.8	800.0	-113%	-165%	454%	-58%
CAPEX	(415.6)	(918.3)	(130.3)	(334.8)	(953.7)	(1,261.6)	(1,800.0)	60%	-25%	32%	43%
Free Cash Flow	305.4	(124.6)	(222.4)	(958.3)	(609.4)	646.2	(1,000.0)	-137%	-289%	-206%	-255%
Balance Sheet											
Cash, Cash Equiv, ST Investments	1,566.7	1,598.7	1,601.7	1,600.0	439.3	1,499.1	1,600.0	16%	7%	241%	7%
Inventories	3,180.8	3,658.6	3,404.2	3,400.0	812.9	2,076.0	3,400.0	23707%	64%	155%	64%
LT Debt	3,233.4	3,508.3	3,496.0	3,500.0	2,004.3	3,215.0	3,500.0	12%	9%	60%	9%
Net Cash	(1,666.7)	(1,909.6)	(1,894.3)	(1,900.0)	(1,565.0)	(1,715.8)	(1,900.0)	9%	11%	10%	11%
Common Share Statistics:											
GAAP EPS	10.51	5.52	2.57	1.12	1.06	22.82	19.72	-66%	-88%	2051%	-14%
Non-GAAP EPS	**10.32**	**7.33**	**2.74**	**1.12**	**4.04**	**21.95**	**21.52**	-63%	-87%	444%	-2%
Free CF / Share	2.59	(1.06)	(1.89)	(8.14)	5.25	4.30	(8.49)	-137%	-289%	-17%	-298%
Avg. Shares O/S - Diluted	117.8	117.8	117.8	117.8	116.5	117.8	117.8	0%	0%	1%	0%
Current FY Guidance											
Net Sales	11,500	11,500	9,800								
Adjusted EBITDA	4,000	4,400	3,400								
Adjusted EBITDA Margin	35%	38%	35%								
Adjusted EPS	25.75	29.50	23.50								
Net Cash Provided by Operation	2,300	1,800	800								
CAPEX (PP)	1,900	2,100	2,100	1,800							
Consensus Estimates											
Quarterly EPS Before Reporting	7.64	4.52	3.74	1.12	3.59	20.26	21.54	-46%	-87%	458%	6%
Consensus Beat/(Miss)	*3.29*	*2.81*	*(1.36)*	*0.00*	*0.45*	*1.40*	*(0.02)*	-298%	-98%	161%	-101%
Quarterly Rev Before Reporting	2,740	2,400	2,530	2,200	3,201	7,328	9,450	14%	-16%	129%	29%
Consensus Beat/(Miss)	*(100)*	*(30)*	*(255)*	-	*127*	*(8)*	*11*	86%	-100%	-105%	-287%
Annual EPS Current Year	26.21	24.85	25.90	21.54							
Annual EPS Next Year	27.71	22.29	20.77	9.60							
Next Year EPS Growth	5.7%	-10.4%	-20.1%	-55.8%							
Note:											
Quarter Ends on	3/31/23	6/30/23	9/30/23	12/31/23	12/31/21	12/31/22	12/31/23				
Earnings Release Date	5/3/23	8/2/23	11/1/23	2/15/24	2/16/22	2/15/23	2/15/24				

著者作成

ファンダメンタル分析❷ 業績予想

- **業績予想モデルに、必要なデータを入力して自分で業績予想を立ててみる。決算が発表されたら、自分の予想値と比べながら結果を入力し、来期の業績予想を立てる。**
- **業種や企業タイプによって、必要な情報が増えることも。まずは、本書のダウンロードデータ（163 ページ）を参考にしてみて。**

企業価値の予想（長期）

長期成長率と金利、ベータで企業の現在価値を予想する

業績予想モデルが短期用とすれば、これから紹介する企業価値予想モデルは長期用です。このモデル表は私が作ったもので、実際に自分で投資を検討する時に使っています。

163ページに記載したURLまたは二次元コードからダウンロードでき、使い方も説明しています。もしかしたら業績予想モデルよりも手っ取り早くて予想公正価値も出るので面白いと感じてもらえるかもしれません。

図3-31：企業の公正現在価値（Fair Present Value）予想モデル

インプット　$ in millions　1月31日時点のデータ

		Price	総株数	時価総額	LTM FCF	P / FCF	Terminal P/FCF	Beta			
ティッカーシンボル	AAPL	$ 184.40	15,812.50	$ 2,915,825	99,854	29.2	18	1.29			
10年債の利率	4.00%										
SP500リスクプレミアム	4.00%										
リスクに合わせたリターン	9.16%										
		1	2	3	4	5	6	7	8	9	10
成長率		8%	8%	11%	8%	8%	8%	7%	7%	7%	7%
成長率 11-20年	8%										

アウトプット

		MOIC
Free Cash Flow (LTM)	99,854	
Total Future Value(10yr)	5,301,009	1.82
Total Future Value (20yr)	10,453,307	3.59
Total Present Value (10yr)	2,501,732	0.86
Total Present Value (20yr)	2,721,772	0.93
期待できるIRR (10yr)	7.2%	
期待できるIRR (20yr)	8.6%	

公正現在価値の計算

10年債の利率	4.00%	
S&P500リスクプレミアム	4.00%	
リスクに合わせたリターン	9.16%	
10年保有の現在価値	**$ 158.21**	**-14.2%**
20年保有の現在価値	**$ 172.13**	**-6.7%**

キャッシュフロー分析

												Terminal Value
10yr	0	1	2	3	4	5	6	7	8	9	10	10
Cash Flow	(2,915,825)	107,443	116,038	128,803	139,107	150,235	162,254	173,612	185,765	198,768	212,682	3,726,302
Present Value	(2,915,825)	98,427	97,381	99,023	97,970	96,929	95,899	94,002	92,141	90,318	88,531	1,551,111
20yr		1	2	3	4	5	6	7	8	9	10	11
Cash Flow	(2,915,825)	107,443	116,038	128,803	139,107	150,235	162,254	173,612	185,765	198,768	212,682	223,316
Present Value	(2,915,825)	98,427	97,381	99,023	97,970	96,929	95,899	94,002	92,141	90,318	88,531	85,157
IRR (10yr)												
FV	(2,915,825)	107,443	116,038	128,803	139,107	150,235	162,254	173,612	185,765	198,768	3,938,984	
IRR(20yr)												
FV	(2,915,825)	107,443	116,038	128,803	139,107	150,235	162,254	173,612	185,765	198,768	212,682	223,316

これはDCF（Discount Cash Flow）という方法を使って、その企業が将来作り出すであろうフリーキャッシュフローを「この企業に投資するリスクをとるなら年平均でこれくらいの利益が欲しい」と思う利率で割って、現在価値を割り出すためのモデルです。**現在価値とは、将来受け取れる利益を現時点に換算して、割安か、割高か、を判断するためのもの**です。要は「長期で投資する価値があるか」を見極めるモデルと思ってください。

ただし、これは業績予想モデルと違い、毎期、答え合わせができません。**業績予想モデルがサイエンス８割：アート２割なら、企業価値予想モデルはサイエンス２割：アート８割です。**というのも、算出される結果は、あくまで自分の推測に基づくものだからです。従って、このモデルで「割安だ」という結果が出ても、その株が将来その通りに上がる保証はないと言わざるを得ません。

ですが、この企業価値予想モデルは少ない入力データでいろいろなシナリオを検証できるので、ぜひ触ってもらえたらと思います。遊び感覚で自分でデータを変えながら、判断の目安にしてください。詳しい使い方は、章末で説明しています。

ファンダメンタル分析❸　企業価値の予想

- **企業価値の予想は、長期保持したい企業の株を現時点で割安か割高かを判断するためのモデル。**

企業のタイプ別の分析方法

企業のタイプによって注目すべきことが違う

この章で見てきたのは主にテクノロジー関連の株で、ほとんどは大型グロース株でした。日本でよく知られている銘柄もたいていグロース株です。けれど、グロース株に属するのは市場のごく一部、多く見積もって２割ほどです。

少数派にもかかわらずグロース株に注目が集まるのは、以下の理由が挙げられます。

1. 業績の成長率が高く、それだけ株価が伸びやすい。
2. 他のタイプの株よりボラティリティが高いことが多いので、それだけ話題になりやすい。

こうしたことから、米国株のほとんどがグロース株であるような錯覚に陥るかもしれませんが、あくまで１つのタイプでしかありません。実際にはもっといろいろなタイプがあり、それぞれに多くの株があるのです。

企業タイプの特徴によって分析で注目すべき点が変わります。この章の最後に、簡単に紹介しておきます。

ただし、タイプ別にどのように分析するのかなど、かなり突っ込んだ内容になることと、実際問題、いきなりグロース株以外に投資しようという人は稀ではないでしょうか。

「これから米国株投資を始めてみよう」という人には不要な情報が多くなってしまうので、詳しくは私のYouTubeやセミナーなどでカバーしていきたいと思います。

おなじみのグロース株の他にどんな企業タイプがあるのか、自分が知っている会社がどのタイプに分類されるのか、全ての企業にグロース株の分析が当てはまるわけでないことを、図3-32で知っておいてください。これだけでも企業分析に対する理解が深まります。

図3-32：企業のタイプ別分析の方法

企業タイプ	代表的な会社	セクター	代表的なETF	Koyfin／モデルで見るべき情報	分析
高成長株 (Growth)	NVDA, TSLA, U, DDOG, SNOW, MDB	テクノロジー バイオテクノロジー	ARKK, XLK, IBB	売上の伸び マージン キャッシュバーンレート	業績予想 長期成長率
低価格株 (Value)	JPM, XOM, CVX, BAC, VZ, GS, T, JNJ, CSCO, CAT, DE	資本財 金融 エネルギー テクノロジー テレコム	NOBL, XLF, XRT, XLE	配当金 PBR	相対比較 資産価値分析
強者 (Stalwarts)	KO, PG, NKE, COST, HD	生活必需品 ヘルスケア	XLV, XLP	PER 配当金	絶対比較
景気循環株 (Cyclicals)	GM, AAL, FCX, HD, TOL, BA	自動車 航空 エネルギー 資源材 住宅建設 半導体 小売り	XLE, XLI, XLY, XLB, XOP, XHB, VNQ, XME, SMH, SOX	在庫 PER マクロ	景気動向
逆転株 (Turnaround)	F, CSCO, NFLX, META			組織再編計画	業績予想
資産株 (Asset Play)	MCD, BAC, SPG, EQR	金融 REIT(不動産投資信託) 小売り	XLF, IYR, XRT, KRE, KBE	PBR PER	資産価値分析

グロース株（Growth ＝高成長株）

グロース株とは、その名の通り、業績の急成長（Growth）が見込める株です。

売上は毎年50％、100％と伸びていても、利益が出ていない企業も多々あります。まだ利益が出ていない場合は売上の成長率に伴って利益が出るまで後何年かかるか、その間、現金は足りるのか、そういった視点でしっかり分析してから、投資の判断をしましょう。

バリュー株（Value ＝低価格株、割安株）

グロース株（高成長株）の反対語のように捉えられているバリュー株ですが、低成長というわけではありません。**バリュー株の定義は「実際の価値より低い値段で取引される株」という意味**です。よって低価格、割安という言葉が適しています。**バリュー株の代表的な業界は、金融とエネルギー**です。この2つはどんなに業績が伸びる時期でも（例えばエネルギー株であるCVXの業績は2022年に130％伸びました）、そのP/EがS＆P500の平均より高くなることはほぼありません。

そしてタイミングによっては、企業が持つ資産価値より割安の株価で取引される時があります。資産価値とはその企業の土地や店舗、在庫、工場や機械、有価証券、現金、パテント（特許権）など、売れる資産を全て売却した時の総額です。仮に今日、企業としての活動をやめたとしても残る価値のことです。

その資産価値が企業の時価総額よりも高い場合、株を買って儲かる確率はかなり高くなります。

これは投資を始めた当初のバフェット氏が得意とした**「シケモク株投資」**です。資産価値と時価総額の差額を、バフェット氏の師匠であるベンジャミン・グレアム氏は「Margin of Safety（安全マージン）」と呼びました。つまり**バリュー株投資とは、この安全マージンがプラスの企業を見つけて投資するというのが最も古典的な解釈**です。ただし、安全マージンがプラスになることは米国株ではなかなかありません。そこで最近では、安全マージンがプラスでなくてもP/Eが15以下のような株をバリュー株と呼ぶ傾向があります。

バリュー株では、グロース株のような業績の成長率は二の次です。それよりも、資産価値の分析や配当金の確実性、バランスシート上では正当に評価されていない隠れ資産価値をどう見出すかといった部分が鍵になります。

強者（Stalwarts）

成長率が低い（GDP成長率とほぼ同じ）にもかかわらず、ブランド力が非常に強く、マージンやROEが高くて、フリーキャッシュフローが潤沢な企業があります。これらをStalwartsまたはCashCow（金を生む牛）と呼びます。そうした**企業はP/Eがかなり高めです。例えば、ナイキ（NIKE）やコカ・コーラなど、誰もが知るブランドの企業はこれに当てはまります。**アップルやアマゾンはもはやグロース株というよりこの強者枠ではないかと私は思います。

強者の分析では、潤沢なフリーキャッシュフローをいかに株主に還元できるかが注目されます。企業によってマージンやROEなどがかなり違うので、自社の過去のP/Eのレベルと比べて、割安か割高かを見比べる絶対比較が大切になってきます。

景気循環株（Cyclicals、シクリカル株）

シクリカル株は、景気の動向に非常に敏感に左右されます。景気が良い時には業績が倍になったり、景気が悪ければ損失を出したりします。いわゆる浮き沈みが激しい業界の株です。景気だけでなく、金利に激しく左右される業界もシクリカルに分類されます。

代表的なのは重工機械や飛行機を製造する企業、住宅建設、住宅金融などにかかわる産業、それらの産業に原材料を提供する企業。半導体メーカーのほとんどもシクリカル株に分類されます（エヌビディアのようにグロース株に分類される企業は例外）。

シクリカル株が一番強いのはこれから景気良くなる時、つまり不景気のどん底から景気が上向きになるタイミングです。その時、シクリカル株の価格は軒並みバリュー株レベルになっていることが多いので、そこから景気が回復すればそれらの株は一気に伸びます。つまり、シクリカル株投資ではマクロ分析がとても重要視されます。

逆転株（Turn Around）

何か大きな失敗や事件などがあって、**株価が著しく低下している企業が、その問題を解決し不死鳥のように蘇ることを期待するもの**です。2021年末、相場のピークでメタバース（ネット上の三次元仮想空間）に大張りし、社名まで変えた元フェイスブック（現メタ）

が好例です。

将来性があまり期待できない企業戦略の方向転換と悪い相場が重なって、メタの株価が2022年に激下がりしたのは記憶に新しいところです。2014年には50以上だったP/Eは、12.6まで下がりました。そして2022年の10月頃、大株主であるヘッジファンドマネージャーのブラッド・ガースナー氏がメタのCEOであるマーク・ザッカーバーグ氏に公開レターを送ってコストカットをすすめました。ちょうどその頃に株価も底を打ち、メタの株はそこから1年半で約5倍になりました。まさに大逆転です。

ネットフリックスの株もコロナ後の需要の停滞と経営の問題で一度地に落ち、その後、経営陣の采配で復活しました。その他、飛行機や自動車産業、電力会社など、一旦破綻してから新企業として再出発する時に、その成功にかけるのも逆転株投資です。

いずれにしても、組織再編計画の分析や業務予想によって、そのまま低迷が続くのか、一発逆転に転じるのか、見極めには相当な眼力が試されます。

資産株(Asset Play)

バリュー株の中の特殊なタイプです。

例えば、小売店でアメリカ中に店舗(土地)を、企業資産として持っている会社があるとします。それらの土地は取得単価の価値(土地を購入した時の値段)でバランスシートに載っています。何十年もその土地を所有していると、その土地の価値はバランスシートに載っている価値よりもずっと高くなっている可能性が大いにあります。その場合、P/BVと株価を比べても割安に見えないのです。こうした企業を見つけて株を大量に買い、特に土地の含み益の高い店舗を閉めさせて土地を売るようにすすめるアクティビスト投資家がいます。

銀行などもその対象になります。銀行の場合は、店舗のある土地ではなく、預金です。預金というのはバランスシート上では銀行の負債、つまり借金ですが、これがプレミアムで売れるのです。

これだけ聞いて「なるほど！」と理解した人以外は、この資産株は視野に入れないほうが無難です。金融にしろ不動産にしろ業界知識がベースにあった上で、かなり時間をかけて丁寧に分析する必要があります。よほどその業界に詳しい人でない限り、趣味で投資をしたい個人には向かないでしょう。

企業のタイプ別 分析法

- **企業のタイプによって、追加で見るべき情報が異なる。**
  グロース株は業績予想、長期成長率。バリュー株は相対比較、資産価値分析。強者株は絶対比較。景気循環株は景気動向。逆転株は業績予想。資産株は資産価値分析。

図 3-33：業績予想モデル Earnings Model アップル

	A B C D	E	F	G	H	I	J	K
1								
2	Apple Inc.							
3	AAPL							
4	$ in millions							
5	1月31日時点のデータと予想							
6–7		2021 Q4	2022 Q1	2022 Q2	2022 Q3	2022 Q4	2023 Q1	2023 Q2
8	**Profit & Loss**							
9	Products	104,429	77,457	63,355	70,958	96,388	73,929	60,584
10	Services	19,516	19,821	19,604	19,188	20,766	20,907	21,213
11	**Total Net Sales**	**123,945**	**97,278**	**82,959**	**90,146**	**117,154**	**94,836**	**81,797**
12	Cost of Products	64,309	49,290	41,485	46,387	60,765	46,795	39,136
13	Cost of Service	5,393	5,429	5,589	5,664	6,057	6,065	6,248
14	**Gross Profit**	**54,243**	**42,559**	**35,885**	**38,095**	**50,332**	**41,976**	**36,413**
15	R&D	6,306	6,387	6,797	6,761	7,709	7,457	7,442
16	SG&A	6,449	6,193	6,012	6,440	6,607	6,201	5,973
17	**Op EX**	**12,755**	**12,580**	**12,809**	**13,201**	**14,316**	**13,658**	**13,415**
18	**EBIT**	**41,488**	**29,979**	**23,076**	**24,894**	**36,016**	**28,318**	**22,998**
19	Other (Exp) Income	(247)	160	(10)	(237)	(393)	64	(265)
20	**Pre-tax Income**	**41,241**	**30,139**	**23,066**	**24,657**	**35,623**	**28,382**	**22,733**
21	Tax Expense (Benefit)	6,611	5,129	3,624	3,936	5,625	4,222	2,852
22	**Tax Rate**	**16.0%**	**17.0%**	**15.7%**	**16.0%**	**15.8%**	**14.9%**	**12.5%**
23	**Net Income**	**34,630**	**25,010**	**19,442**	**20,721**	**29,998**	**24,160**	**19,881**
24	**Profitability:**							
25	Gross Margin (Products)	38.4%	36.4%	34.5%	34.6%	37.0%	36.7%	35.4%
26	Gross Margin (Servides)	72.4%	72.6%	71.5%	70.5%	70.8%	71.0%	70.5%
27	Gross Margin (Total)	43.8%	43.7%	43.3%	42.3%	43.0%	44.3%	44.5%
28	Operating Margin	39.7%	38.7%	36.4%	35.1%	37.4%	38.3%	38.0%
29	**Pre-Tax Margin**	39.5%	38.9%	36.4%	34.7%	37.0%	38.4%	37.5%
30	**Revenue Detail**							
31	Americas	51,496	40,882	37,472	39,808	49,278	37,784	35,383
32	Europe	29,749	23,287	19,287	22,795	27,681	23,945	20,205
33	Greater China	25,783	18,343	14,604	15,470	23,905	17,812	15,758
34	Japan	7,107	7,724	5,446	5,700	6,755	7,176	4,821
35	Rest of Asia Pacific	9,810	7,042	6,150	6,373	9,535	8,119	5,630
36	**Total Revenue**	**123,945**	**97,278**	**82,959**	**90,146**	**117,154**	**94,836**	**81,797**
37	iPhone	71,628	50,570	40,665	42,626	65,775	51,334	39,669
38	Mac	10,852	10,435	7,382	11,508	7,735	7,168	6,840
39	iPad	7,248	7,646	7,224	7,174	9,396	6,670	5,791
40	Wearables, Home & Accessaries	14,701	8,806	8,084	9,650	13,482	8,757	8,284
41	Services	19,516	19,821	19,604	19,188	20,766	20,907	21,213
42	**Total Revenue**	**123,945**	**97,278**	**82,959**	**90,146**	**117,154**	**94,836**	**81,797**
43	**Common Share Statistics:**							
44	**EPS**	**2.10**	**1.52**	**1.20**	**1.29**	**1.88**	**1.52**	**1.26**
45	Average Shares O/S - Diluted	16,519	16,403	16,262	16,118	15,956	15,847	15,775
46	**Consensus Estimates**							
47	Consensus EPS Before Reporting	1.89	1.43	1.16	1.27	1.95	1.43	1.19
48	Consensus Beat (Miss)	0.21	0.09	0.04	0.02	(0.07)	0.09	0.07
49	Consensus Rev Before Reporting	118,580	94,000	82,970	88,770	121,670	92,840	81,800
50	Consensus Beat (Miss)	5,365	3,278	(11)	1,376	(4,516)	1,996	(3)
51	**Note:**							
52	**Quarter Ends on**	2021/12/25	2022/3/26	2022/6/25	2022/9/24	2022/12/31	2023/3/25	2023/6/24
53	Earnings Release Date	2022/1/27	2022/4/28	2022/7/28	2022/10/27	2023/2/2	2023/5/4	2023/8/3

※ このモデルを使って、各社の業績予想を立てることができます。
内容は 144 ページ。

ダウンロードは
こちら
https://kdq.jp/eUKY3

L	M	N	O	P	Q	R	S	T	U
2023 Q3	2023 Q4E		2022 FY	2023 FY	2024E FY	MRQ %YoY	EstQ %YoY	MRY %YoY	EstY %YoY
67,184	93,496		316,199	298,085	305,537	-5%	-3%	-6%	2%
22,314	24,089		78,129	85,200	93,720	16%	16%	9%	10%
89,498	**117,585**		**394,328**	**383,285**	**399,257**	-1%	0%	-3%	4%
42,586	57,313		201,471	189,282	194,014	-8%	-6%	-6%	2%
6,485	6,745		22,075	24,855	25,352	14%	11%	13%	2%
40,427	**53,527**		**170,782**	**169,148**	**179,891**	6%	6%	-1%	6%
7,307	8,100		26,251	29,915	32,607	**8%**	**5%**	**14%**	**9%**
6,151	7,000		25,094	24,932	27,176	-4%	6%	-1%	9%
13,458	**15,100**		**51,345**	**54,847**	**59,783**	2%	5%	7%	9%
26,969	**38,427**		**119,437**	**114,301**	**120,108**	8%	7%	-4%	5%
29	-		(334)	(565)	(565)	-112%	-100%	69%	0%
26,998	**38,427**		**119,103**	**113,736**	**119,543**	9%	8%	-5%	5%
4,042	5,764		19,300	16,741	17,931	3%	2%	-13%	7%
15.0%	**15.0%**		**16.2%**	**14.7%**	**15.0%**	-6%	-5%	-9%	2%
22,956	**32,663**		**99,803**	**96,995**	**101,611**	11%	9%	-3%	5%
36.6%	**38.7%**		**36.3%**	**36.5%**	**36.5%**	6%	5%	1%	0%
70.9%	**72.0%**		**71.7%**	**70.8%**	**72.9%**	1%	2%	-1%	3%
45.2%	**45.5%**		**43.3%**	**44.1%**	**45.1%**	7%	6%	2%	2%
40.1%	**41.1%**		**37.8%**	**38.3%**	**39.3%**	14%	10%	2%	3%
40.2%	**41.1%**		**37.7%**	**38.2%**	**39.1%**	**16%**	**11%**	**1%**	**3%**
				-					
40,115	49,771		169,658	162,560	169,658	1%	1%	-4%	4%
22,463	27,681		95,118	94,294	97,020	-1%	0%	-1%	3%
15,084	23,905		74,200	72,559	75,684	**-2%**	**0%**	**-2%**	**4%**
5,505	6,755		25,977	24,257	26,497	-3%	0%	-7%	9%
6,331	**9,473**		29,375	29,615	**30,398**	-1%	-1%	1%	3%
89,498	**117,585**		**394,328**	**383,285**	**399,257**	-1%	0%	-3%	4%
43,805	65,135		205,489	200,583	210,612	3%	-1%	-2%	5%
7,614	6,962		40,177	29,357	27,889	-34%	-10%	-27%	-5%
6,443	8,456		29,292	28,300	26,885	-10%	-10%	-3%	-5%
9,322	**12,943**		41,241	39,845	**40,151**	-3%	-4%	-3%	1%
22,314	**24,089**		78,129	85,200	**93,720**	16%	16%	9%	10%
89,498	**117,585**		**394,328**	**383,285**	**399,257**	-1%	0%	-3%	4%
1.46	**2.11**		**6.11**	**6.13**	**6.62**	**14%**	**12%**	**0%**	**8%**
15,672	15,516		16,326	15,813	15,338	-3%	-3%	-3%	-3%
1.39	**2.10**		**5.75**	**5.96**	**6.58**	**9%**	**8%**	**4%**	**10%**
0.07	**0.01**		**0.35**	**0.17**	**0.24**	381%	-107%	-52%	44%
89,370	118,116		384,320	385,680	397,178	1%	-3%	0%	3%
128	(531)		10,008	(2,395)	1,590	-91%	-88%	-124%	-166%
2023/9/30	2024/12/28		2022/9/24	2023/9/30	2024/9/28				
2023/11/2	2024/2/1		2022/10/27	2023/11/2	2024/11/1				

<決算データを取得する>

業績予想モデルを作る最初の一歩は決算データの取得です。

例えばアップルなら、公式ウェブサイトのAbout AppleのNewsroomに入って「Earnings」で検索すると、決算プレスリリース（Apple reports fourth quarter results など）が出てきます。クリックすると、下のほうに「Consolidated Financial Statements」があります。そのView PDFをクリックするとダウンロードできます。

ダウンロードした決算PDFはこちら。モデルと見比べてみてください。多少、順番の入れ替えはありますが、全ての項目が決算書に出ている項目と同じになっています。これが大事なのです。

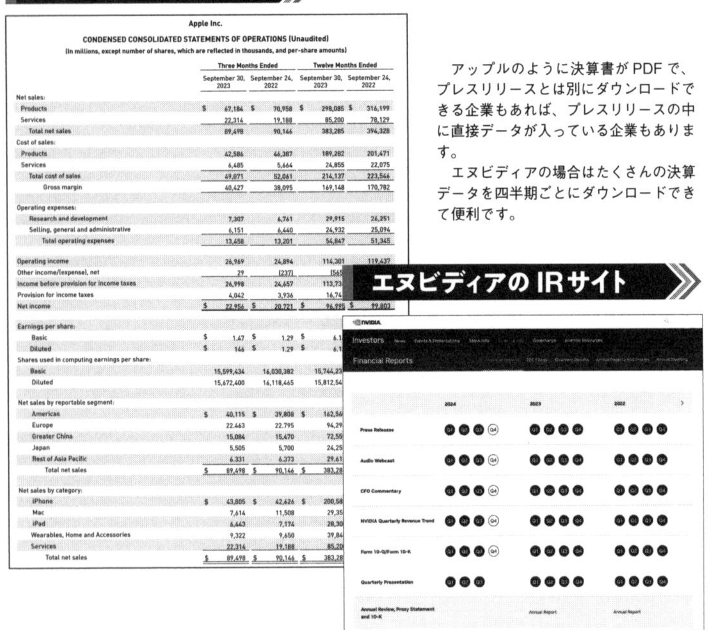

アップルの決算PDF

Apple Inc.

CONDENSED CONSOLIDATED STATEMENTS OF OPERATIONS (Unaudited)

(In millions, except number of shares, which are reflected in thousands, and per-share amounts)

	Three Months Ended		Twelve Months Ended	
	September 30, 2023	September 24, 2022	September 30, 2023	September 24, 2022
Net sales:				
Products	$ 67,184	$ 70,958	$ 298,085	$ 316,199
Services	22,314	19,188	85,200	78,129
Total net sales	89,498	90,146	383,285	394,328
Cost of sales:				
Products	42,586	46,387	189,282	201,471
Services	6,485	5,664	24,855	22,075
Total cost of sales	49,071	52,061	214,137	223,546
Gross margin	40,427	38,095	169,148	170,782
Operating expenses:				
Research and development	7,307	6,761	29,915	26,251
Selling, general and administrative	6,151	6,440	24,932	25,094
Total operating expenses	13,458	13,201	54,847	51,345
Operating income	26,969	24,894	114,301	119,437
Other income/(expense), net	29	(237)	(565	
Income before provision for income taxes	26,998	24,657	113,73	
Provision for income taxes	4,042	3,936	16,74	
Net income	$ 22,956	$ 20,721	$ 96,995	$ 99,803
Earnings per share:				
Basic	$ 1.47	$ 1.29	$ 6.1	
Diluted	$ 146	$ 1.29	$ 6.1	
Shares used in computing earnings per share:				
Basic	15,599,434	16,030,382	15,744,23	
Diluted	15,672,400	16,118,465	15,812,54	
Net sales by reportable segment:				
Americas	$ 40,115	$ 39,808	$ 162,56	
Europe	22.463	22.795	94,29	
Greater China	15,084	15,470	72,55	
Japan	5,505	5,700	24,25	
Rest of Asia Pacific	6.331	6.373	29.61	
Total net sales	$ 89,498	$ 90,146	$ 383,28	
Net sales by category:				
iPhone	$ 43,805	$ 42,626	$ 200,58	
Mac	7,614	11,508	29,35	
iPad	6,443	7,174	28,30	
Wearables, Home and Accessories	9,322	9,650	39,84	
Services	22,314	19,188	85,20	
Total net sales	$ 89,498	$ 90,146	$ 383,28	

アップルのように決算書がPDFで、プレスリリースとは別にダウンロードできる企業もあれば、プレスリリースの中に直接データが入っている企業もあります。

エヌビディアの場合はたくさんの決算データを四半期ごとにダウンロードできて便利です。

エヌビディアのIRサイト

<データを入力する>

決算 PDF を取得したら、そこから数字を拾ってモデルに入力していきます。これが基本的な作業です。

アップル、エヌビディア、モンゴ DB、アルベマールの計 4 社は、私が過去の数値を入力しておきました。これ以外の企業分析をしたい場合は、ここから近い企業タイプを選び、決算書に併せて項目をアレンジして、過去のデータを入力してください。以後はアップルの例で説明します。

162 ページの図 3-33 の一番上にある「2023 Q4E」「2023 FY」などは会計年度です。

アップルの会計年度は毎年 9 月の最終土曜に終わるので、会計年度は 10 月から 12 月までのカレンダーの第 4 四半期(Q4)に始まり、7 月から 9 月までの第 3 四半期（Q3）に終わります。わかりやすいようにエクセルでは年度ごとに色分けしています。

ちなみに**「2023 Q4E」などの Q は Quarter（四半期）、E は Estimates（予想）、「2023 FY」の FY は Fiscal Year（会計年度）の略**です。

ところで、エクセルのモデルを開くと数字が 2 色になっているのがわかりますか？　これはアナリストがよく使うちょっとしたコツで、青い数字は自分で入力する数字、黒い数字は数式によって計算された結果です。モデルをアップデートする時にとても便利です。

<モデルの入力項目>

モデルの最初のセクションは、Profit & Loss (P & L= 損益計算書) を入力していきます。ここが一番の肝です。決算後に株価がどう動くのか、長期でも株が伸びるかどうか、ほとんど全てがここにかかってきます。

図 3-33：アップルの Earnings Model ／ P&L の部分

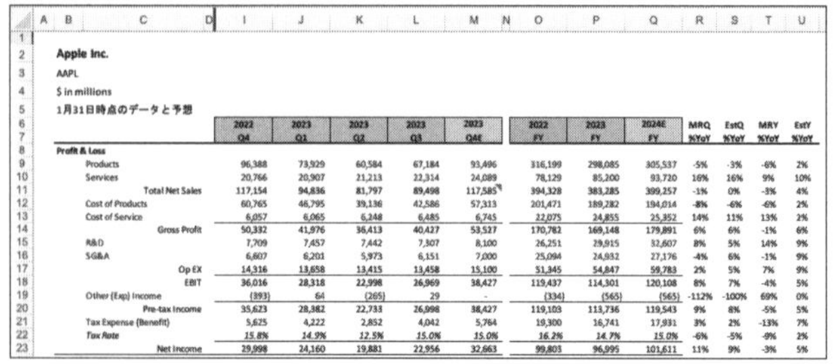

Apple Inc.
AAPL
$ in millions
1月31日時点のデータと予想

	2022 Q4	2023 Q1	2023 Q2	2023 Q3	2023 Q4E	2022 FY	2023 FY	2024E FY	MRQ %YoY	EstQ %YoY	MRY %YoY	EstY %YoY
Profit & Loss												
Products	96,388	73,929	60,584	67,184	93,496	316,199	298,085	305,537	-5%	-3%	-6%	2%
Services	20,766	20,907	21,213	22,314	24,089	78,129	85,200	93,720	16%	16%	9%	10%
Total Net Sales	117,154	94,836	81,797	89,498	117,585	394,328	383,285	399,257	-1%	0%	-3%	4%
Cost of Products	60,765	46,795	39,136	42,586	57,313	201,471	189,282	194,014	-8%	-6%	-6%	2%
Cost of Service	6,057	6,065	6,248	6,485	6,745	22,075	24,855	25,352	14%	11%	13%	2%
Gross Profit	50,332	41,976	36,413	40,427	53,527	170,782	169,148	179,891	6%	6%	-1%	6%
R&D	7,709	7,457	7,442	7,307	8,100	26,251	29,915	32,607	8%	5%	14%	9%
SG&A	6,607	6,201	5,973	6,151	7,000	25,094	24,932	27,176	-4%	6%	-1%	9%
Op EX	14,316	13,658	13,415	13,458	15,100	51,345	54,847	59,783	2%	5%	7%	9%
EBIT	36,016	28,318	22,998	26,969	38,427	119,437	114,301	120,108	8%	7%	-4%	5%
Other (Exp) Income	(393)	64	(265)	29	-	(334)	(565)	(565)	-112%	-100%	69%	0%
Pre-tax Income	35,623	28,382	22,733	26,998	38,427	119,103	113,736	119,543	9%	8%	-5%	5%
Tax Expense (Benefit)	5,625	4,222	2,852	4,042	5,764	19,300	16,741	17,931	3%	2%	-13%	7%
Tax Rate	*15.8%*	*14.9%*	*12.5%*	*15.0%*	*15.0%*	*16.2%*	*14.7%*	*15.0%*	-6%	-5%	-9%	2%
Net Income	29,998	24,160	19,881	22,956	32,663	99,803	96,995	101,611	11%	9%	-3%	5%

<その他のデータ>

P & L の次は、各種マージン（Profitability)、売上の詳細データ (Revenue Detail)、1株あたりの利益（EPS)、そしてコンセンサス予想（Consensus Estimates）を入力します。

コンセンサス予想は、Koyfin の Analysts Estimates – Actual and Consensus を見るとわかります。

図 3-34：アップルのコンセンサス予想／売上

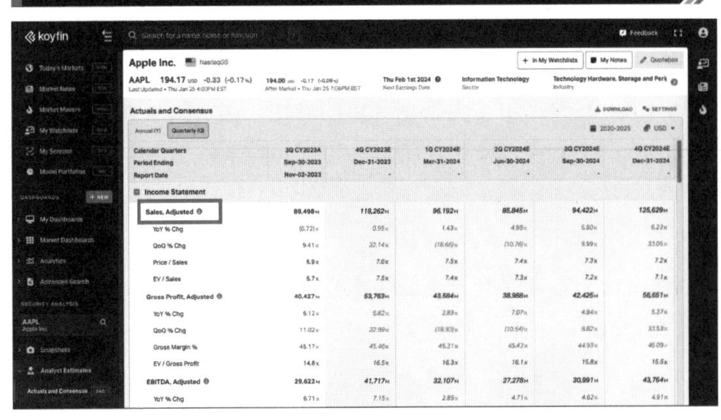

Calendar Quarters	3Q CY2023A	4Q CY2023E	1Q CY2024E	2Q CY2024E	3Q CY2024E	4Q CY2024E
Period Ending	Sep-30-2023	Dec-31-2023	Mar-31-2024	Jun-30-2024	Sep-30-2024	Dec-31-2024
Report Date	Nov-02-2023	-	-	-	-	-
Income Statement						
Sales, Adjusted	89,498M	118,262M	96,192M	85,845M	94,422M	125,629M
YoY % Chg	(0.72)%	0.95%	1.43%	4.95%	5.50%	6.23%
QoQ % Chg	9.41%	32.14%	(18.66)%	(10.76)%	9.99%	33.05%
Price / Sales	6.9x	7.6x	7.5x	7.4x	7.3x	7.2x
EV / Sales	6.7x	7.5x	7.4x	7.3x	7.2x	7.1x
Gross Profit, Adjusted	40,427M	53,763M	43,584M	38,988M	42,425M	56,651M
YoY % Chg	6.12%	6.82%	3.83%	7.07%	4.94%	5.37%
QoQ % Chg	11.02%	32.99%	(18.93)%	(10.54)%	8.82%	33.53%
Gross Margin %	45.17%	45.46%	45.31%	45.42%	44.93%	45.09%
EV / Gross Profit	14.8x	16.5x	16.3x	16.1x	15.8x	15.5x
EBITDA, Adjusted	29,622M	41,717M	32,107M	27,278M	30,991M	43,764M
YoY % Chg	6.71%	7.15%	2.85%	4.71%	4.62%	4.91%

図 3-35：アップルのコンセンサス予想／ EPS

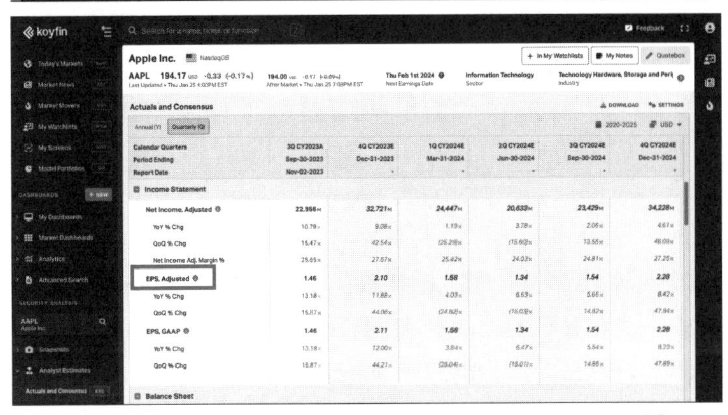

Calendar Quarters	3Q CY2023A	4Q CY2023E	1Q CY2024E	2Q CY2024E	3Q CY2024E	4Q CY2024E
Period Ending	Sep-30-2023	Dec-31-2023	Mar-31-2024	Jun-30-2024	Sep-30-2024	Dec-31-2024
Report Date	Nov-02-2023	-	-	-	-	-
Income Statement						
Net Income, Adjusted	22,956M	32,721M	24,447M	20,633M	23,429M	34,228M
YoY % Chg	10.79%	9.08%	1.19%	3.78%	2.08%	4.61%
QoQ % Chg	15.47%	42.54%	(25.29)%	(15.60)%	13.55%	46.09%
Net Income Adj. Margin %	25.65%	27.67%	25.42%	24.03%	24.81%	27.25%
EPS, Adjusted	1.46	2.10	1.58	1.34	1.54	2.28
YoY % Chg	13.18%	11.88%	4.03%	6.63%	5.66%	8.42%
QoQ % Chg	15.87%	44.06%	(24.82)%	(15.03)%	14.82%	47.84%
EPS, GAAP	1.46	2.11	1.58	1.34	1.54	2.28
YoY % Chg	13.18%	12.00%	3.84%	6.47%	5.54%	8.23%
QoQ % Chg	15.87%	44.21%	(25.04)%	(15.01)%	14.86%	47.89%
Balance Sheet						

出典：koyfin

アップルの場合、最低限必要なデータは以上です。

＜EPSの予想を立てる＞

いよいよEPSの予想を立てる方法です。

例にしているアップルのモデルでは、2023年12月30日で終わる2024年度の第1四半期（2023 Q4E）のP＆L〔列M〕と、2024年9月28日で終わる2024年度（2024 FY）のP＆L〔列Q〕が、私の予想した数値です。

2024 Q4の私の予想は＄2.11〔M44のセル〕、コンセンサスは＄2.10〔M47のセル〕。2024 FYの私の予想は＄6.62〔Q44のセル〕、コンセンサスは＄6.58〔Q47〕です。とても近い数値になっています。

なぜかというと、私の予想もコンセンサスもアップルが出している売上と利益のガイダンスをもとにしているからです。

アップルはあまりはっきりとした決算ガイダンスは出さないのですが、2024年度第1四半期は「Sales（売上）は昨年の同期と同じくらい」「Gross Margin（営業利益）は45～46％程度」などのガイダンスを前期の決算説明の場（Conference Call＝コンフェレンスコールといいます）で公表しました。

こうしたガイダンスは、エヌビディアのように毎回はっきりとプレスリリースに書く企業もあれば、コンフェレンスコールのような場でアナリストに聞かれて初めてチラッとほのめかす企業もあり、一概には言えないのですが、ネットで「Apple Earnings Guidance」などと検索してみてください。だいたい出てきます。

さて、2024年の第1四半期（モデルでは2023 Q4E）の予想を立てるにあたり、私はアップルによる「Sales昨年の同期（2022 Q4）と同じくらい」というガイダンスに基づいて、まずRevenue〔M11のセル〕の予測値を入れました。〔M11〕は製品売上〔M9〕とサービス売上〔M10〕の合計なので、実際には最近のトレンドに従い、製品の売上を去年より3%下げ、サービスの売上を16%上げて売上の合計が去年と「同じくらい」になるように調整しました。

〔M11のセル〕に小さな三角印がついているのがわかりますか？これは後でわかるように、私がアップルのガイダンスをメモとして添えた印です。同じように〔M27のセル〕にも三角印がありますが、そこは「Gross Marginは45～46%程度」というガイダンスをメモしています。

次にそれらの数字を使って、地域別、製品別の売上の詳細を予想しました〔M31からM42のセル〕。それも「Sales昨年の同期（2022 Q4）と同じくらい」というガイダンスに基づいています。黒字の合計には入力せず、青字の各項目を過去のトレンドに添って予想します。

この時に、**過去の成長率のトレンドと、ガイダンスに達するために必要な成長率とを見比べます。**具体的には〔列R〕と〔列S〕を見比べます。こうすることでアップルのガイダンスが簡単に達成できそうか、どう考えても難しそうなのか、といった感覚が掴めます。

次にマージンのガイダンスと、過去のマージンのデータを使って経費を予想します〔M12 から M16 のセル〕。〔M25〕から〔M29〕の黒字のマージンの数字を見ながら〔M12、13、15、16〕の数字を調整します。

税率（Tax Rate）についてはガイダンスはないので、直近の四半期のものか、過去の平均を使えば OK です。私は直近の四半期の 15％にしました〔M22 のセル〕。

最後に総株数ですが、アップルは自社株買いをしていて毎年 3％くらい株数が減るという過去実績があるので、私は直近四半期から 1％減らした数字にしました〔M45 のセル〕。

これで、モデルの作成は終わりです。改めて、自分の EPS 予想〔M44 のセル〕とコンセンサスの EPS 予想〔M47 のセル〕とを比べてみます。

そして過去の決算で、実際の数字がアナリスト達のコンセンサスをどれくらいの差で上回ったのかをみて、少し売上を増やしてみたりマージンの値を上げてみたりして、上ぶれする可能性やその逆（upside、downside といいます）の検証をして、**「これで大丈夫そうだ」という満足できる数字が出るまで微調整**します。

2024 年度（2024 FY）の予想は、2022 年度（2022 FY）と 2023 年度（2023 FY）のデータから考えてみます。四半期の業績予想をした手順と同じです。自分でも作ってみてください。

<決算が出たらアップデートする>

決算が発表されたら、また決算PDFをダウンロードして、自分の予想値と比べながら、実際の数字を入力します。この答え合わせが楽しいのです！　同時に、**決算の結果によって株価がどう動いたかもチャートでチェック**しましょう。

そして、新しいガイダンスが出たら、それに基づいて、来期の予想を立てます。

この繰り返しで、だんだん業績予想の精度が上がります。そうした予想が市場も織り込み済みかどうか、それによって株価の行く先も自分なりに見当がつくようになってきます。それでも当てるのは難しいですが、この分析を怠るプロはいません。頑張りましょう！

ダウンロード特典「企業価値の予想モデル」の使い方

（内容は153ページ）

図3-36：企業価値の予想モデル - アップル

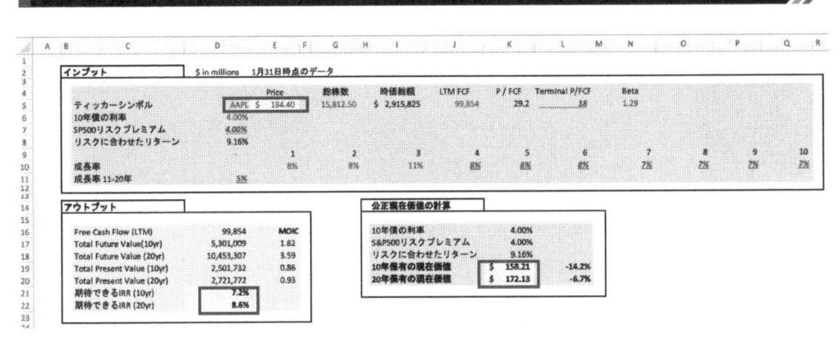

インプット　$ in millions　1月31日時点のデータ

		Price	総株数	時価総額	LTM FCF	P / FCF	Terminal P/FCF	Beta
ティッカーシンボル	AAPL	$ 184.40	15,812.50	$ 2,915,825	99,854	29.2	18	1.29
10年債の利率	4.00%							
SP500リスクプレミアム	4.00%							
リスクに合わせたリターン	9.16%							

	-	1	2	3	4	5	6	7	8	9	10
成長率		8%	8%	11%	8%	8%	8%	7%	7%	7%	7%
成長率 11-20年	5%										

アウトプット

		MOIC
Free Cash Flow (LTM)	99,854	
Total Future Value(10yr)	5,301,009	1.82
Total Future Value (20yr)	10,453,307	3.59
Total Present Value (10yr)	2,501,732	0.86
Total Present Value (20yr)	2,721,772	0.93
期待できるIRR (10yr)	7.2%	
期待できるIRR (20yr)	8.6%	

公正現在価値の計算

10年債の利率	4.00%	
S&P500リスクプレミアム	4.00%	
リスクに合わせたリターン	9.16%	
10年保有の現在価値	$ 158.21	-14.2%
20年保有の現在価値	$ 172.13	-6.7%

上の「インプット」枠内の青い数字（エクセルファイルを開くと青い文字が見えます）を入れ替えるだけで、現在の公正価値（Fair Value）を試算できるようになっています。

<データをインプットする>

インプットするデータをどこから見つけてくるのか。S&P500に入っている企業なら、無料版のKoyfinに載っています。S&P500に入っていない場合はKoyfinに課金するか、Yahoo! ファイナンスなどの情報サイトで探す必要があります。でもまずはS&P500に入っている株を分析すると思うので、ここではKoyfinでデータを探しながら入力してみます。

まず、企業のティッカーシンボルを探します〔D5のセル〕。Koyfinではサーチボックスに企業名をタイプすると出てきます。

株価(Price)〔E5のセル〕はKoyfinにティッカーシンボルを入れ、Overviewのタブを選べば上に太字で出ています。

図3-37：Koyfin の Overview 画面

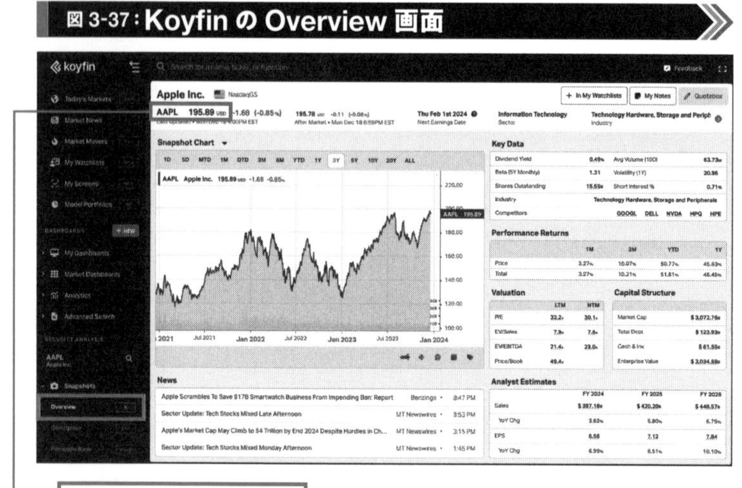

総株数〔G5のセル〕は、希薄化発行済み加重平均株式数（Diluted Weighted Average Shares Outstanding）というものを使います。Financial Analysisの中にあるIncome Statementのタブを見てください。スクロールしてPer Share Itemsの真ん中あたりにあるDiluted Weighted Average Shares Outstanding、そのCurrent/LTM（直近12ヶ月）の数字を入力します。

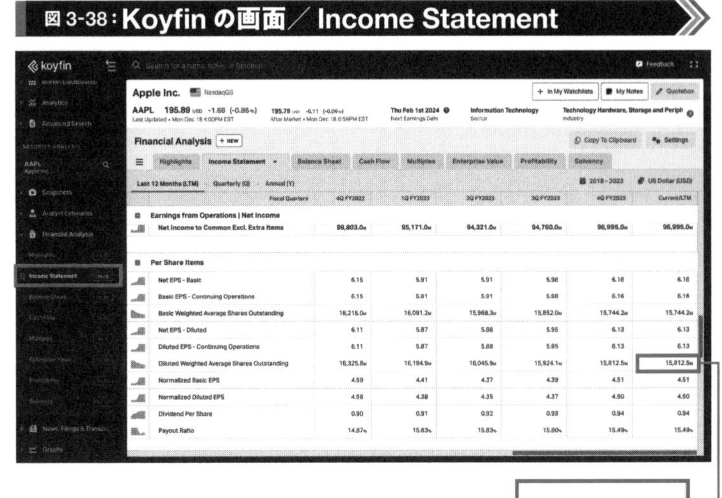

図3-38：Koyfinの画面／Income Statement

Fiscal Quarters	4Q FY2022	1Q FY2023	2Q FY2023	3Q FY2023	4Q FY2023	Current/LTM
Earnings from Operations | Net Income						
Net Income to Common Excl. Extra Items	99,803.0M	95,171.0M	94,321.0M	94,760.0M	96,995.0M	96,995.0M
Per Share Items						
Net EPS - Basic	6.15	5.91	5.91	5.98	6.16	6.16
Basic EPS - Continuing Operations	6.15	5.91	5.91	5.98	6.16	6.16
Basic Weighted Average Shares Outstanding	16,216.0M	16,091.2M	15,968.3M	15,852.0M	15,744.2M	15,744.2M
Net EPS - Diluted	6.11	5.87	5.88	5.95	6.13	6.13
Diluted EPS - Continuing Operations	6.11	5.87	5.88	5.95	6.13	6.13
Diluted Weighted Average Shares Outstanding	16,325.8M	16,184.9M	16,045.9M	15,924.1M	15,812.5M	15,812.5M
Normalized Basic EPS	4.59	4.41	4.37	4.39	4.51	4.51
Normalized Diluted EPS	4.56	4.38	4.35	4.37	4.50	4.50
Dividend Per Share	0.90	0.91	0.92	0.93	0.94	0.94
Payout Ratio	14.87%	15.63%	15.83%	15.80%	15.49%	15.49%

フリーキャッシュフロー（FCF）〔J5のセル〕は、同じFinancial Analysisの中のCash Flowのタブを見ます。下までスクロールすると、Supplemental Itemsの一番上にFree Cash Flowがあります。やはり、Current/LTMの数字を入力します。

図3-39：Koyfinの画面／Cash Flow

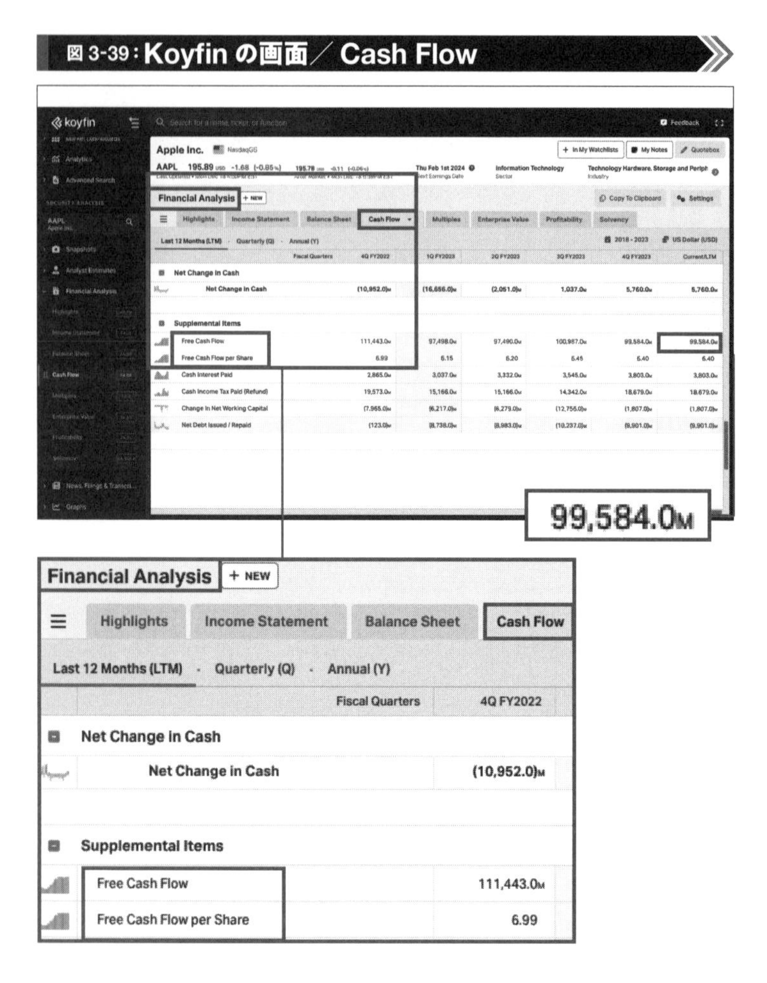

現在価値を割り出すためには、金利が必要です。ここでベースにするのはアメリカ国債（10 年債）の金利です。

なぜ、いきなり債券が登場するのかというと、株を買うというリスクを取る以上、リスクなしのものより高いリターンを期待しますよね？　そのリスクなしの代表として 10 年債（為替リスクは考慮外）の金利を使うのが一般的です。

この金利は Koyfin のトップページ、Today's Markets の真ん中下、Global Yields に掲載されています。一番上の United States 10Y のデータを、10 年債の利率〔D6 のセル〕に入力します。

図 3-40：Koyfin の画面／Today's Markets

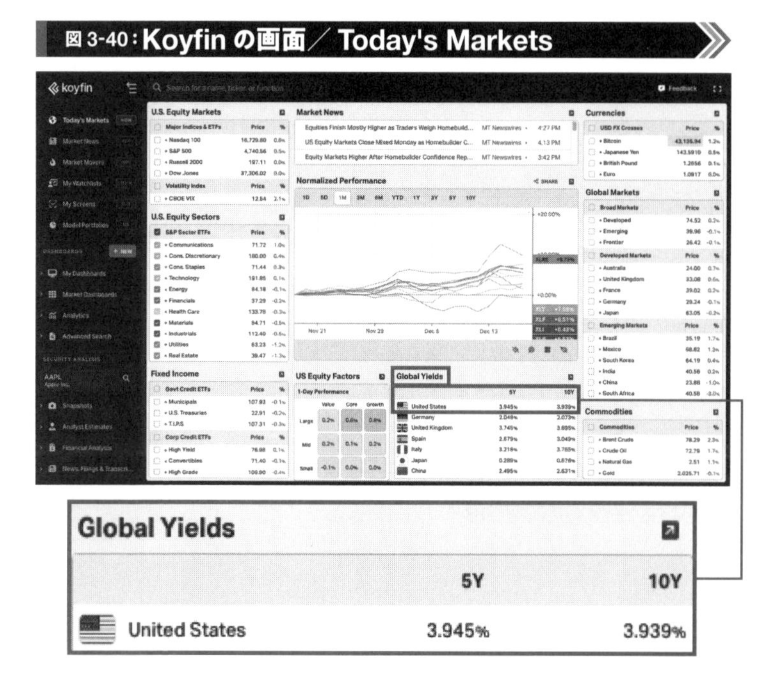

次に株のベータ(Beta)を入力します。このモデルはCAPM(Capital Asset Pricing Model) という金融概念によってRisk Adjusted Return（リスクに合わせたリターン）を計算し、そのレートで未来のキャッシュフローを現在価値に換算しています。そのため、ベータが必要です。ベータはKoyfinのOverviewのページ右上にあります。このデータを〔N5〕に入力します。

図3-41：Koyfinの画面／Beta

【CAPM】Capital Asset Pricing Model。資本資産価値モデル。特定の株が持つベータ値から、その銘柄に投資をしている投資家がどれくらいの収益率を期待するのかを関係づけたもの。

このモデルでは、最初3年間のコンセンサスEPS成長率を使ってFCFの成長率と代替するので、そのデータも必要です。これはKoyfinのAnalyst Estimatesの中のEstimates Overviewの右上の箱（Earnings Metrix－Reported & Estimates）の一番下のGrowthの3年分の数字を使います（この場合、FY2024、2025、2026）。このデータはセル〔E10、G10、I10〕に入力します。

図3-42：Koyfinの画面／Estimates Overview

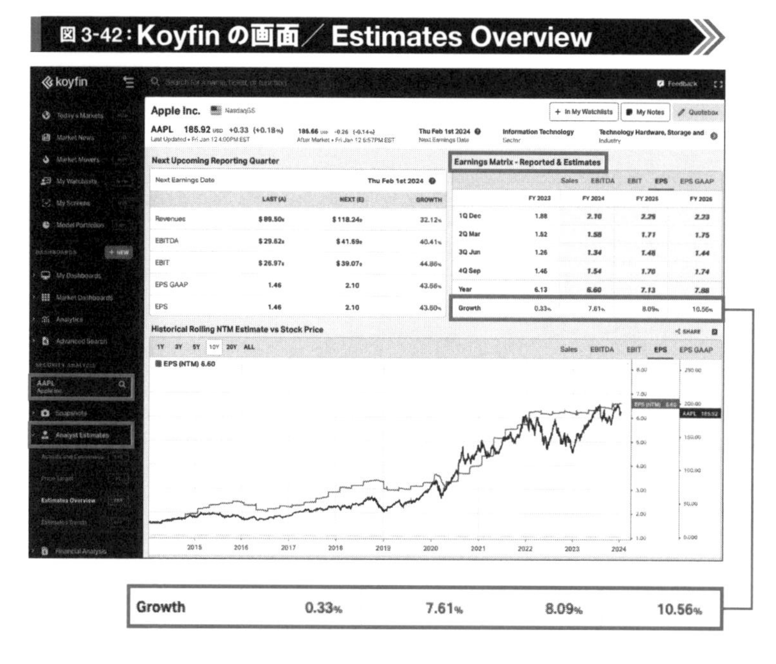

Koyfinから取得するデータは以上です。あとは自分の予想で入れていく数値です。自分の予想で入れる数値は、Excelではイタリック・ボールド・アンダーラインで表示しています。いろいろと変えながら、その結果で算出される現在価値と照らし合わせていきます。

図 3-43：企業価値の予想モデル　インプット

インプット	$ in millions	1月31日時点のデータ									
		Price	総株数	時価総額	LTM FCF	P / FCF	Terminal P/FCF	Beta			
ティッカーシンボル	AAPL	$ 184.40	15,812.50	$ 2,915,825	99,854	29.2	18	1.29			
10年債の利率	4.00%										
SP500リスクプレミアム	4.00%										
リスクに合わせたリターン	9.16%										
	-	1	2	3	4	5	6	7	8	9	10
成長率		8%	8%	11%	8%	8%	8%	7%	7%	7%	7%
成長率 11-20年	5%										

自分の裁量で入れる予想のデータの、まず最初はS&P500リスクプレミアム〔D7のセル〕。これは、S&P500指数の長期のリターンと、アメリカ10年債の金利との差です。つまりリスクフリーの国債ではなく、あえて株に投資するというリスクに見合うリターンです。歴史的にはこのリスクプレミアムは、3～7％の間で推移してきました。このモデルでは4％を使っています。自分で数字を変えて、結果がどう変わるか検証してみてください。

そのすぐ下のリスクに合わせたリターンはCAPMの公式に基づき、10年債金利とS&P500リスクプレミアムとBetaによって計算されます。その計算式に興味のある方は、〔D8〕のセルを見てみてください。ボラティリティが高い株であるほど、このリスクに合わせたリターンは高くなります。

ちなみにこれは毎年期待できるリターンではなく、**10年、20年と株を保有した場合の、年平均のリターン**です。つまり、プラスになる年もあればマイナスになる年もあるけれど、長く持っていれば年平均これくらい上がるだろう、という期待値です。

次に成長率〔J10からQ10のセル〕に、フリーキャッシュフローの予想成長率を入力します。これは自分が思う、企業の業績の伸びです。すでに先ほど入力したように、最初の1～3年はコンセンサスEPSの成長率で代用します。

3年目以降は自分の推測です。アメリカの平均経済成長率が2%、インフレが2%と考えて、合わせて4%がベースの伸びとして、この企業はそれよりも何%伸ばせるかと考えてみてください。「なんとなく」で大丈夫です。最初の1～3年のコンセンサスEPSを参考に、自分なりの値を入れてみてください。

10年～20年後の成長率〔D11のセル〕となると、これはもう誰にもわかりません。そこで、私はだいたい4～5%にしておきます。

最後に、株価÷フリーキャッシュフローの倍率（Terminal P/FCF）〔L5のセル〕です。**このモデルは10年後、20年後に株を売ることを想定して現在価値を計算しています。その時にいくらで売れるかを予想する**ための値です。

隣のP/FCF〔K5のセル〕が現在の倍率です。一般に、将来の成長率は今より下がっていると予想されるので、Terminal P/FCFは今のP/FCFより低い数字を使うのが妥当です。どれくらい下げるかは感覚になってしまいます。このモデルでは、現在のP/FCF倍率の約60%を使っています。最終的に出てくる現在価値はこの倍率にかなり左右されるので、いろいろな数字を入力して試してください。

ここまで入れると結果が表示されます。一番下の「キャッシュフロー分析」は計算のためのものなので、触らなくて大丈夫です。

〈公正現在価値の計算〉

図 3-44：企業価値の予想モデル - アップル

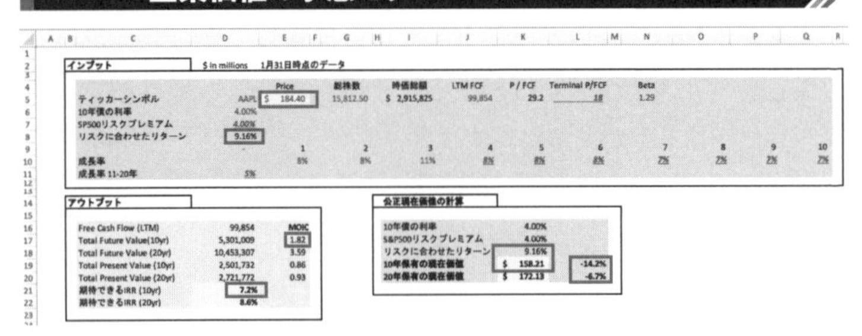

インプット　$ in millions　1月31日時点のデータ

		Price	総株数	時価総額	LTM FCF	P / FCF	Terminal P/FCF	Beta
ティッカーシンボル	AAPL	$ 184.40	15,812.50	$ 2,915,825	99,854	29.2	18	1.29
10年債の利率	4.00%							
SP500リスクプレミアム	4.00%							
リスクに合わせたリターン	9.16%							

	-	1	2	3	4	5	6	7	8	9	10
成長率		8%	8%	11%	8%	8%	8%	7%	7%	7%	7%
成長率 11-20年	5%										

アウトプット

		MOIC
Free Cash Flow (LTM)	99,854	
Total Future Value(10yr)	5,301,009	1.82
Total Future Value (20yr)	10,453,307	3.59
Total Present Value (10yr)	2,501,732	0.86
Total Present Value (20yr)	2,721,772	0.93
期待できるIRR (10yr)	7.2%	
期待できるIRR (20yr)	8.6%	

公正現在価値の計算

10年債の利率	4.00%	
S&P500リスクプレミアム	4.00%	
リスクに合わせたリターン	9.16%	
10年保有の現在価値	$ 158.21	-14.2%
20年保有の現在価値	$ 172.13	-6.7%

10年保有の現在価値〔K19のセル〕を見てください。

この例では、アップル株を10年間保有することにより、年平均約9.16%のリターン（リスクに合わせたリターン）が欲しい場合、約158.21ドル払っても大丈夫、ということです。それに対して2024年1月31日の株価は184.40ドルでしたので、このモデルによるとこの時アップルは14.2%のプレミアムで取引されていた、という結果が出ました。でも20年保有するつもりなら6.7%のプレミアムです。

試しに10年債の金利〔D6のセル〕を変えてみてください。金利が1%変わると予想株価がどのくらい変わるのかを検証できます。なぜ金利が株価に直接影響を与えるのかが、実感できると思います。

<アウトプット>

この欄の言葉を簡単に説明しておきます。

このフリーキャッシュフローの成長率〔セルE10からQ10〕と売る時のマルチプル（Terminal P/FCF：〔セルL5〕）の場合、今アップルの株を184ドルで買ったら期待できるIRR（内部収益率

=Internal Rate of Return）は10年で7.2％〔D21のセル〕になり、投資資本倍率（Multiple of Invested Capital、MOIC）は1.82倍〔E17のセル〕なので、10年後に元本は約1.8倍になっているという結果です。そう考えると悪くはないですよね。

ちなみにテスラ株はBetaが高い（ボラティリティが激しい）ので、CAPMによるリスクに合わせたリターンがアップルよりずっと高くなります。アップルのリスクに合わせたリターンは9.16%でしたが、テスラは13.28%です。期待されるリターンが高い分、現在価値は低くなります。よってテスラの場合、長期の成長率をアップルより高く設定しても今の株価は公正現在価値の約31％プレミアムで取引されている計算になります。アウトプットの欄の期待できるIRRとMOICはBetaに影響されないので、アップルもテスラも同じような1桁後半のリターンが期待される計算になりますが、テスラの公正現在価値がアップルよりもずっと低いのはテスラのほうがボラが高い、つまりリスクが高いからです。

このあたりはコンセプトが難しいので、ちょっと混乱させてしまったかもしれませんが、おいおいセミナーなどで詳しく説明していく予定です。

図3-45：テスラの企業価値の予想モデル

インプット　$ in millions　1月31日時点のデータ

		Price	総株数	時価総額	LTM FCF	P / FCF	Terminal P/FCF	Beta			
ティッカーシンボル	TSLA	$ 187.29	3,480.30	$ 651,825	4,358	149.6	90	2.32			
10年債の利率	4.00%										
SP500リスクプレミアム	4.00%										
リスクに合わせたリターン	13.28%										
	-	1	2	3	4	5	6	7	8	9	10
成長率		4%	40%	20%	15%	15%	10%	10%	8%	8%	8%
成長率 11-20年	5%										

アウトプット

		MOIC
Free Cash Flow (LTM)	4,358	
Total Future Value(10yr)	1,484,834	2.28
Total Future Value (20yr)	2,556,772	3.92
Total Present Value (10yr)	446,207	0.68
Total Present Value (20yr)	264,910	0.41
期待できるIRR (10yr)	8.9%	
期待できるIRR (20yr)	7.6%	

公正現在価値の計算

10年債の利率	4.00%	
S&P500リスクプレミアム	4.00%	
リスクに合わせたリターン	13.28%	
10年保有の現在価値	$ 128.21	-31.5%
20年保有の現在価値	$ 76.12	-59.4%

さて、いかがでしょう。自分で数字をいじってみると、体感できることが多いと思います。

本書のコンセプトは中・長期の株の値上がりによるリターンを得ることです。このモデルでの試算を、中・長期で持つべき株かどうかの判断材料の１つにしてみてください。

ただし、この結果は自分が入れたフリーキャッシュフローの成長率〔セル E10 から Q10〕と、売る時のマルチプル（Terminal P/FCF: セル L5）によって算出されたもので、全て予想に基づいています。あくまで目安として使いましょう。

CHAPTER 4

買うタイミング、売るタイミング（テクニカル分析）

テクニカルなしでも投資はできるが、やらないのはもったいない

短期に株価がどれだけ動くかはテクニカルで決まる

企業の株でもセクターETFでも、長期で上がるか下がるかの方向はマクロ経済で8割方決まり、また個別株なら各企業の業績も影響します。ですが、**短期で株が“どれだけ動くか”という幅はテクニカルで予測**します。テクニカルとは株価のチャート分析のことで、売ったり買ったりするタイミングを見極めるために使います。米国株・ETFどちらにも使いますし、日本株や為替など他の投資にも応用できます。

基本は短期向きだが、長期で持つ場合も買い時の見極めは必要

テクニカルで予測できるのは最長でも1～3ヶ月後くらいまでの値動きです。1年後、5年、10年後という長期の予測には役立ちません。

事実、長期保有を前提に企業分析を熱心にする人の中には「チャートはまったく見ない」という人もいますし、ファンダメンタル分析を専門とするプロはテクニカルを重視しません。テクニカルなしでも投資はできますが、せっかく目の前に簡単に利用できる情報があるのに見ないのはもったいない、というのが私のスタンスです。

というのも、長期保有でもやはり良い時に買ったほうが成功率が上がるのです。買い時を間違えると、株はなかなか上がってくれま

せん。どんなに分析しても自分の株の見立てが、短期で正しい確率はプロでもそれほど高くありません。

長期で成長できると信じた株も間違ったタイミングで買うと何故かどんどん下がり、長期保有というよりは仕方なく「塩漬け」にして売れないだけ、ということになりかねないのです。長期保有の予定でも、テクニカル分析を使って買う瞬間の「今」の状態を見ておくことで勝率を上げましょう。

良いところで買えば そう簡単に損切りのレベルに引っかからない

また、良いタイミングで買うことができれば、そこから大きく下がって「損切り」する羽目にもなりにくいものです。

もちろんテクニカルだって100%の確率ではありません。私の感覚では「まあ当たる時のほうが多いかな」というくらいです。それでも勝率を上げる可能性があるのなら使うべきでしょう。チャートを見ずにトレードするのは、高度計を見ずに目測だけで飛行機を操縦するようなものだと私は思います。

奥深いが難しい知識はいらない。ベーシックだけカバーすればOK

CHAPTER 3で解説したファンダメンタル分析に比べて、テクニカル分析はビギナーでも理解はしやすいと思います。その中でも、本書の投資スタイルで知っておくべき最重要項目をこの章にまとめました。もちろんテクニカルも奥が深いものなので、興味を持った人はぜひ研究を続けてみてください。

【塩漬け】 株価が買い値よりも下がっていて売ると損失が出るため、やむをえず長期保有していること。

移動平均線

主に見るのは移動平均線

テクニカルで主に見るべきものは「単純移動平均線（Simple Moving Average）」です。「指数平滑移動平均線（Exponential Moving Average）」というものもありますが、私達は単純移動平均線だけを見ればこと足ります。以降、移動平均線とは単純移動平均線のことを示します。

この移動平均線は一定期間の株価の平均値を結んだ線です。例えば「21日移動平均線」なら、それぞれの日から過去21営業日の株価の平均値を結んだグラフということになります。21営業日ですから、だいたい1ヶ月間の株価の平均です。

同様に「50日移動平均線」は約2ヶ月間、「200日移動平均線」は約10ヶ月の平均値です。

こうした日数はチャートを出す会社によって違ったりもしますし、自分で設定できたりするチャートもありますが、

★短期トレンド＝20日、21日などの移動平均線

★中期トレンド＝50日移動平均線

★長期トレンド＝200日移動平均線

というように、短期・中期・長期の3種類を株価の「日足チャート（1日単位の株価の変化）」に重ねて見るのが基本です（図4-1）。もっと長期の流れを見たい時は「週足チャート」「月足チャート」に重ねることもできます。またデイトレードをする人は21分移動平均線、50分移動平均線、200分移動平均線を見ていたりします。どの期間を自分の投資期間として見ているかによって、単位は変わっても同じ分析技術を使えるのがテクニカル分析の面白いところです。

文字で読むと複雑に思えるかもしれませんが、実際の表示はシンプルです。自分の証券会社など、どこかのチャートを見てみてください。移動平均線が表示されていない場合は、自分で表示させます。

その際、短期・中期・長期で線の色を変えておくと見やすいと思います。好きな色で構いませんが、私は「短期＝緑」「中期＝赤」「長期＝黒」で見慣れています。この本では株価が黒、短期が明るい赤、中期がグレー、長期が暗い赤で表示しています。

図4-1：3種類の移動平均線（アップル）

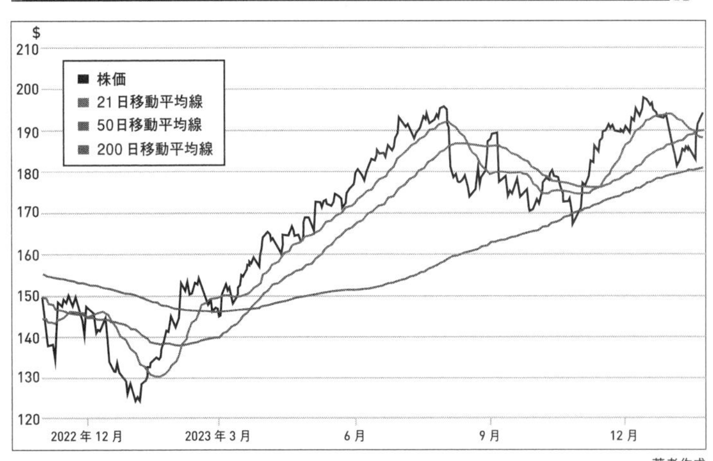

著者作成

200日移動平均線が上向きなら上り調子

では、移動平均線が意味するところを謎解きしていきましょう。まずは長期トレンドの200日移動平均線です。

株価は常に上がったり下がったり、不規則な動きに見えますが、200日移動平均線を見ると上り調子か下り調子か一目瞭然です（図4-2)。

この200日移動平均線は大型客船のようなもので、なかなか方向転換しません。**200日移動平均線が上向きなら、8割の確率でそのまま上がる**と言われます。つまり、トレンドが変わるのはわずか2割のタイミングです。200日移動平均線が上向きの時に買うだけでも、ずいぶん勝率が上がるというわけです。

図4-2：200日移動平均線の向き（テスラ）

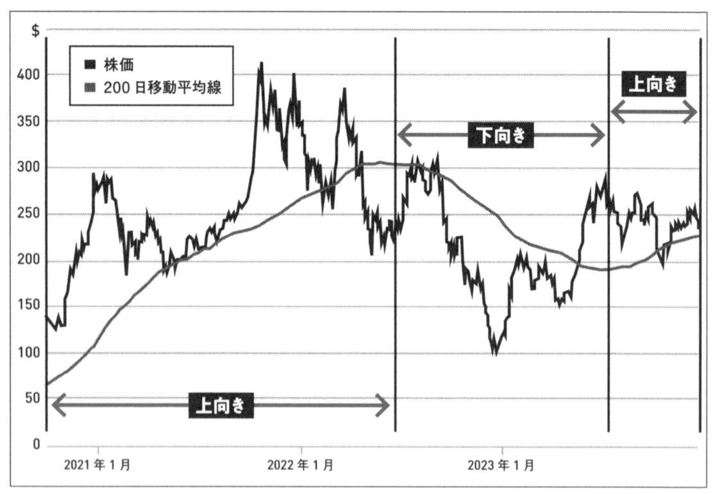

著者作成

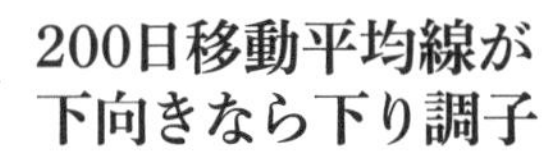

200日移動平均線が下向きなら下り調子

200日移動平均線が下向きなら、やはり8割の確率で下がります。そういう時にわざわざ買う人は、よほどエッジのきいた自分なりの戦略がある人か、その業界に非常に詳しくまだ表面化していないトレンドを捉えている人か、チャートを見ていない人です。

もし、200日移動平均線が上向きで株価がその移動平均線の上にいる時に買ったのに、買った直後から下げ調子に転じてしまい200日移動平均線を下に割り、やがて移動平均線も平行になり、そして下向きに転じたら？　それは約2割の方向転換する時に買ってしまったということになります。その場合、統計的にはしばらくそのまま下がる可能性が8割です。できればそうなる前に早く売って、また潮目が変わるのを待ちましょう。

★ 移動平均線を見れば、相場の調子がわかる

- **21日移動平均線は短期トレンド、50日移動平均線は中期トレンド、200日移動平均線は長期トレンドを表す。**
- **200日移動平均線が上向きなら、株価も上り調子に。下向きなら下り調子になる確率が高い。**

ゴールデンクロスは買うタイミング

短期の移動平均線が、長期の移動平均線よりも上なら上り調子

長期の200日移動平均線の見方がわかったら、次に、短期の移動平均線との関係に目を光らせます。200日移動平均線を見るだけより、さらに細かく買い時を予想できます。

短期の移動平均線が中期や長期の移動平均線を下から上に交差したら「チャンス到来!?」と期待できます。

そして、中期の移動平均線も長期より上になったら、「いよいよ買い時だ」というシグナルです。

このように、**短い期間の移動平均線が長い期間の移動平均線を下から上に抜ける瞬間を「ゴールデンクロス」**といいます。

図4-3のチャートの例を見てください。2023年1月から3月の間にゴールデンクロスがあり、縦線から右は200日移動平均線が上向きで、移動平均線は上から「短期」「中期」「長期」と並んでいますね。これを"健全なチャート"や"チャートが元気だ"と言ったりします。

こういう株が"チャートが良い株"です。良い企業と良い株は違います。どんなに良い企業でも、チャートが元気でない時に買ってしまうと"悪い株"になりがちです。マクロ分析や企業分析をして良い企業やETFを見つけたら、テクニカルを確認して元気が良さそうならタイミングをみて買うことを検討しましょう。

図4-3：ゴールデンクロス（アップル）

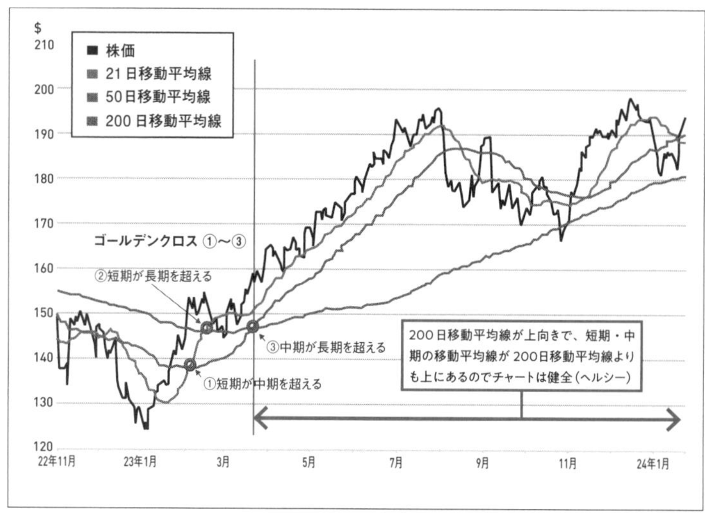

著者作成

上り調子の株が50日や200日移動平均線まで下がった時は買い場

私はチャートが元気な時、例えば200日移動平均線が上向きで、短期と中期の移動平均線が長期のそれより上の時、株価が50日か200日移動平均線の近くまで下がったタイミングで買うことが多いです。チャートが元気な株はまた上がってくれる可能性が高いので、少し下げた時に買って伸びを期待するというわけです。これは「バイザディップ（押し目買い）」と呼ばれます。

【バイザディップ押し目買い】ディップとは「価値が一時的に下がった相場」のこと。伸びが期待できる企業の株を株価が短期的に下がった時に買うこと。

もちろん、株価が移動平均線を割り込み、そのまま下がり続けるリスクもあります。この買い方をする場合は買ってからもチャートを見て、ぐんぐん下がり続けるようなら、なるべく早く損切りする予定で買う必要があります。**でも私の経験上、やはりまた上り調子に戻ることのほうが多いので勝率の高い買い方**だと思います。

こう聞くと、なんだ、結構簡単じゃないか！　楽勝だ！　と思ってしまうかもしれませんが、株はそんなに簡単ではないのです。例えば、200日移動平均線がしっかり上向きなのに200日移動平均線まで株価が下がる、というのは回数的にもあっても年に数回ですし、そこまで下がるのは、かなり心配なマクロ経済の懸念、地政学リスクの過熱、悪い決算が出た、などの株価に悪い材料がたくさんあるからです。

ここまで下がったら絶対に買う、と強い決心をしておかない限り、実際にそこまで下がったらもっと下がりそうで怖くて買えません。株とはそういうものです。

図4-4：買うタイミング（アップル）

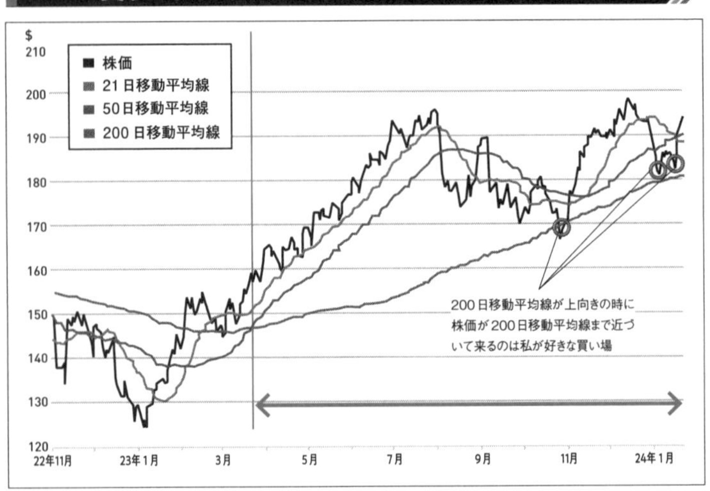

著者作成

移動平均線は支持線になったり抵抗線になったりする

なぜ、「50日、200日移動平均線まで下がったら」という基準にしているかを説明します。

「支持線（サポートライン）」「抵抗線（レジスタンスライン）」という言葉を聞いたことはありますか？　支持線は「そこまで下がったら買おう」と思っているトレーダーがたくさんいるので、それ以下にはなかなか下がらないレベル。抵抗線はその逆で「ここまで上がったら売ろう」と思っているトレーダーがたくさんいるレベルです。よってそのレベルをなかなか超えられません。

支持線や抵抗線は、過去の株価の波の最高値や最低値を繋いで描くトレンドラインであったり、キリのいい値段（例えば＄100）であったり、移動平均線であったりします。株価はその支持線・抵抗戦に引き寄せられて、くっついては反発して離れ……という動きを繰り返す傾向があります。まるで磁石のように吸い寄せられたかと思うと、天井のようにぶつかって下がったり、逆に床でバウンスするボールのように跳ね返って上がったり、ということが多いのです。

章の最初に**「株価が“どれだけ動くか”という幅はテクニカルで予測する」と書いたのは、この支持線・抵抗線によるもの**です。

支持線・抵抗線は普通のチャートには出てきません（一部、自分で線を引けるチャートや、有料のチャートでは自動で出てきたりもします）。けれど、50日、200日移動平均線もトレンドラインのように株価を吸い寄せるので、これを目安にすることができます。

いずれにせよ、テクニカルも100%の確率で当たるわけではありませんし、そもそも1つ1つのトレードで負ける確率は常に4割以上あることを忘れずに、**テクニカルでトレードするなら予想が外れたらすぐに手仕舞いましょう。**

私の毎週末の投資ミーティングでは、どのあたりが各指数の支持線・抵抗線なのかを毎週チャートを使って解説しています。

図4-5:支持線、抵抗線の引き方の1例（S＆P500のチャート）

著者作成

買い時の見方

- **ゴールデンクロスは買い時。**
  チャートが元気な株は、また上がってくれる可能性が高いので、少し下げた時に買って伸びを期待する。
- **支持線・抵抗線をもとに、株価がどれだけ動くかの幅を予測できる。**
- **テクニカルでトレードする時は、予想が外れたらすぐに手仕舞う。**

デッドクロスは売るタイミング

短期の移動平均線が、長期の移動平均線よりも下なら下り調子

ゴールデンクロスの反対が「デッドクロス」です。短い期間の移動平均線が長い期間の移動平均線を上から下に抜ける瞬間のことで、短期の株価には悪いシグナルです。

図 4-6 を見てください。短期の移動平均線が、中期の移動平均線をデッドクロス❶することは割とよくあります。短期の移動平均線は小型ボートのようなもので、簡単に方向転換するからです。

その**短期の移動平均線が、さらに長期の移動平均線をデッドクロス❷すると、弱気相場になる前触れ**です。持ち直すことも多いですが、注意して様子見が必要です。

図 4-6：デットクロス（アップル）

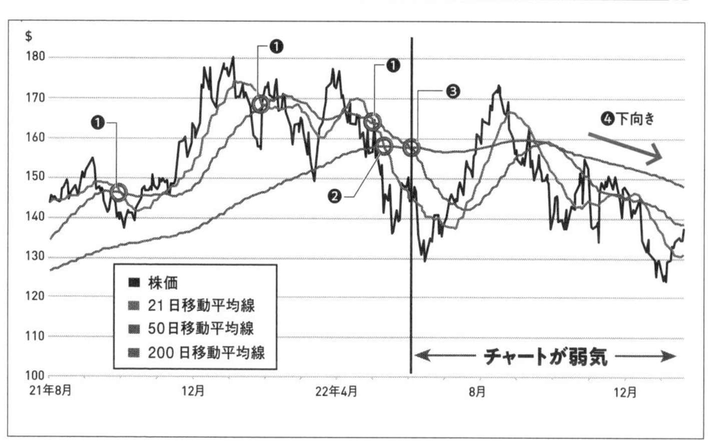

著者作成

短期の移動平均線がそのまま下がり続け、さらに中期の移動平均線も長期の移動平均線をデッドクロス❸し、チャート上の移動平均線の順番が上から長期、中期、短期となってしまった場合、そのチャートは弱気チャートということになります。「株価のトレンドが変わる確率は2割しかない」と説明しましたが、こんな時は、長期移動平均線が下向きに変わる可能性が高まっています。しかも、世界中の投資家が同じチャートを見ているので、手放す人が増えます。

そうして、移動平均線が上から「長期」「中期」「短期」の順になり、長期の移動平均線が下向き❹になってしまったら“チャートが完全に崩れた”ということになります。こうなるとそのトレンドから抜け出すのは時間がかかります。チャート例のアップルの場合はすぐ復活しましたが、図4-7のズーム（Zoom）のように一旦崩れた後全く戻ってこれない株も少なくありません。言うまでもなく、**このようなタイミングで株やETFを買うのは、確固たる戦略がない限り、避けたほうが無難**です。

図4-7：チャートが崩れた例（ズーム）

著者作成

サテライト投資で上がった株が下がり始めたら利確しよう

すでに持っている株やETFのチャートが崩れたら、手放すタイミングが来ています。大惨事になる前に売って、一旦利確や損切りをするのが賢明でしょう。

一旦下がり相場になっても、株価が持ち直して移動平均線まで戻ることがよくあります。そのタイミングで売ることができれば御の字です。

ただ、**自分でしっかりとリサーチして長期で伸びると心から信じている株なら、**バフェット氏がちょっとやそっとのベア相場では株を売らないように、**たとえ含み損になっても売らないで持ち続ける、というのも戦略**です。自分の見立てが合っているのなら、下げた時は買い場でこそあれ、売るべきではないからです。ただ損切りしなければいけないようなところまで、買った時から株価が落ちてしまった、という事実には真摯に向き合う必要があります。CHAPTER5で紹介するトレード日記にしっかり記録をつけ、次回はもっといいエントリーポイントで株を買えるように頑張りましょう。

図4-8：売るタイミング（ズーム）

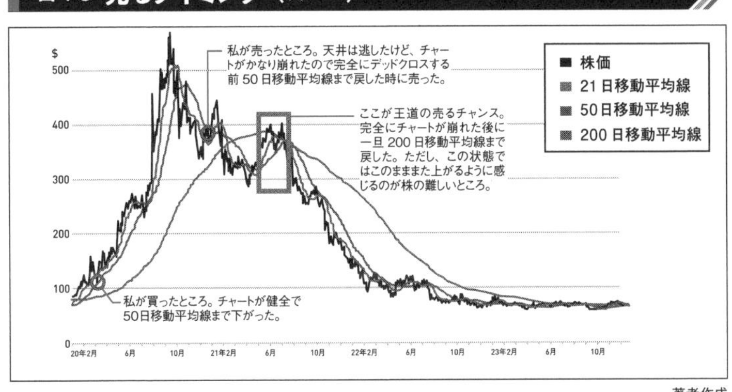

著者作成

頭と尻尾はくれてやれ

こう書くとテクニカル分析は簡単に見えるかもしれませんが、実際の判断は本当に難しく、プロでもなかなかうまくいきません。というのも、その渦中でチャートを見ていると「まだ上がるかもしれない」という期待で、売るタイミングを逃してしまいがちなのです。

後でチャートを見ると「天井で売りたかった」と思いますが、そのタイミングでは、「ここが天井なのか」「続けて上がるのか」「いきなり下がるのか」はわかりません。

投資では「頭と尻尾はくれてやれ」とよく言われます。リターンを最大にしたい気持ちは誰にでもありますが、ある程度のところで手を打ったほうが賢明です。半分売って様子を見て、やはり下がるようなら残りも全て売る、ということもできます。

とにかく、「チャートが崩れてきた」「含み損になってきた」とわかったら、鷹のようにチャートの動きをじっと見つめて、「思ったように盛り返してくれない」と判断した時点で売ってしまったほうが良いでしょう。

こうした損切りや利確については、CHAPTER 5でまたしっかり見ていきましょう。ここでは、どんな形のチャートが売るべきシグナルなのかということを、しっかり目に焼き付けておいてください。

売り時の見方

- **チャートが完全に崩れたら、一旦利確や損切りして大惨事になるのを防ぐ。**
- **ただし、自分でしっかりリサーチをして長期で必ず伸びると考えている株は、含み損になっても持ち続ける戦略もある。**

最高値を超えたら青天井、最安値を割ったら底なし沼

前回の高値を超える「ブレイクアウト」は買い場

株をやっていない人は「株は安く買って高く売るものだから、株価が最高値を更新したところで買うなんておかしい」と思うかもしれませんが、株とは心理戦です。考えてみてください。株価が高値を更新した、過去最高じゃなくてもここ10年くらいで最高になった状態は、その時、「その株を持っているほぼ全員が含み益」となっている状態です。ほとんど全員が買った時より株価が高くなっているので、「良い株を買った。しばらく持ち続けよう」と思っています。売りが少ないということは株価が下がりにくい、ということなので、実はそのまま上がり続ける可能性が高いのです。

だから**最高値は投資家が大好きな買いのシグナル**なのです。「前回売り逃して失敗したから、今度ここまで上がったら売ろう」と思っている株主もいなくなり、トレンドラインも抵抗線もなくなって、**どこまで上がるかわからない青天井**です。こういう状態を「ブレイクアウト」といいます。

こうしたセオリーを知らないと「含み益になった！」と喜んで早々に利確したりします。それは目の前にある利益を見逃すようなもの。または「こんなに高くなっているから今は買うのはよそう」とチャンスを取りこぼしたりもします。あくまで確率論ですが、これもセオリーとして押さえておくといいでしょう。

図 4-9：ブレイクアウト（エヌビディア）

著者作成

逆も然りです。一旦安値を割ると、底なし沼のように株価が下がっていく傾向があります。奈落に落ちる前に売るべきなのですが、逆に初心者がやってしまいがちなのは「あれ？　良い株が安いと思って買ったのにさらに格安になった。じゃあもっと買っておこう」という判断です。これが「ナンピン」です。

ナンピンは地獄への片道切符。最高値の株を売って利確し、最低値の株を買ってナンピンしたらスポーツチームの優良選手を移籍させて、怪我で動けない選手を招き入れるようなものです。

しっかり企業分析した株が安くなっているのは、一見お得に思えるかもしれませんが、「今は買うタイミングじゃないのかな」「もしかして自分の企業分析が間違っているのかも」と謙虚に再考してみてください。

【ナンピン】保有している銘柄の株価が取得単価より下がった時に、買い増しをして平均購入単価を下げること。下落トレンドの途中で行うと、損失をさらに大きくすることになる。

それでも自分の分析が合っていて相場が間違っている自信があるのであれば、もちろんナンピンが正解になることもあります。ただそれが正解である確率は、間違いである確率よりおそらく低いことも理解しておいてください。

とここまで話してきましたが、実を言うと私は、ブレイクアウトで株を買うのは苦手です。

ブレイクアウトはフェイク（騙し）の確率がわりと高いのです。ブレイクした後すぐにまた抵抗線の下にがっつり戻ってしまったら、損切りするのが王道ですが、私の場合、職業柄、一度買うと30日間売れないので（私のヘッジファンドの規則です）小回りが効きません。よってずいぶん下がった後に損切りする羽目になったりします。

私の好きな買い方は、もし企業をしっかり調べて「よし、この株は買いたい」と思ったら、その株をモニターしながらサポートラインに下がってくるまで待ちます。**下がってきた時に、私が分析して買おうと思った理由が崩れていなかったら買います。**

購入後、サポートレベルを大きく割ってしまうこともありますが、ブレイクアウトがフェイクである確率のほうが、株価が大きなサポートを割る確率より高い気がします（あくまで私の主観ですが）。サポートで買った株が、後にブレイクアウトしたら万々歳。ブレイクアウトまで待たなかった分、利鞘が増します。もちろんブレイクアウトで利確したりもしません。勝ち馬は走らせます。

さらにサポートまで下がってくるまで待ってから買うと、損切りする羽目になる確率もナンピンしたくなる確率も下がります。こういう買い方をすると、待っている間にどんどん上がってしまって「ああ、あの時買っておけばよかった」と思うことも多々ありますが、私の性格と環境にはこのスタイルのほうが合っているようです。皆さんもいろいろ試してみて、自分に合うスタイルを作っていってください。

最高値を超えたら買い場

- **株価が高値を更新した、ここ10年くらいで最高になった状態は、そのまま上がり続ける可能性が高い。**
- **最高値を超えた時は買いのサイン。**
- **株価が最低値を下回った時はさらに下がることが多いので、魅力を感じた企業の株でも買い足さないほうがいい。**
- **私が好きな買い方は、魅力を感じた企業の株価がサポートラインまで下がったタイミングで、買おうと思った理由が崩れていなかったら買う。**

カップ＆ハンドルはアメリカの投資家が一番好き

株の動きには定番パターンがある

最高値のブレイクアウトとまでいかなくても、少し前の高値を超えることは意外と頻繁に起こります。

株価が一旦下がり、また上がり始めた時に上り調子のトレンドで前の高値を超えたら、前の高値と今の株価を繋げて線を書いてみてください。株価のチャートはどんな形になりますか？　投資家はこれを「カップ」と呼びます。コーヒーカップのカップです。

図 4-10 のように、チャートがカップを作って前の高値を超えると、株価はしばらくまた、トレンドラインまで下がろうとすることが多いです。この時、何が起きているかというと、前の高値で買って後悔しているような人たちが「よかった。やっと含み損が解消された」と安堵して売っているのです。そういう人たちが売り切ると、その株はまたすぐに値上がりし始めます。

カップの後にちょっと下がってまた上がる。その形が、まるでカップの持ち手（ハンドル）のように見えるため、「カップ＆ハンドル」と呼ばれています。カップ＆ハンドルの後はぐぐっと伸びる確率が高いため、ここで買っておくと勝てる確率が高まります。

カップ＆ハンドルは米株投資家に一番好まれる、典型的な強気チャートパターンの１つです。

図 4-10：カップ&ハンドルと Wボトム（バークシャー・ハサウェイ）

著者作成

Wボトムも強気のサイン

「カップ＆ハンドルだ。チャンスか!?」と思って見ていると、株価の下げが止まらずにハンドルがどんどん伸びてしまうこともあります。けれど、上り調子のトレンドではまた盛り返すことが多く、もう１つカップができたりします。これは「Wボトム」と呼ばれるパターンで、**これも買いのシグナル**のパターンとして見られます。

フォロースルーデーは、いいサイン

出来高によって、機関投資家かリテールか推測できる

テクニカルの基本として、「出来高」も見ておきましょう。

出来高とは、その日に売買された株数のことで英語では Volume といいます。ほとんどの場合、株価チャートの下に棒グラフで表示されています。出来高が高ければ、たくさん売り買いされたということです（図 4-11）。

例えば、スルスルと値上がりしているけれど、出来高が比較的小さい場合は「今はリテールが買っているのだろう」と推測したりします。逆に上げ幅も出来高も大きければ「これは機関投資家が買っているな」と推測できます。機関投資家は取引額が大きいので、出来高が顕著に上がるからです。

42 ページで機関投資家は 1 度に買うと株価が上がってしまうので、何日かに分けて買うことに触れました。つまり、機関投資家が買っているということは、「この買いは何日か続くだろう＝**何日か続けて上がる**だろう」と予想できます。

反対に、**株価が上がっていても、出来高が下がってきたら**、「もう買い終わったのだろう＝**そろそろ上げが止まる**かもしれない」と、危機感を持ちます。

【Volume（出来高）】証券取引所で、株式などが売買された数量のこと。

図 4-11：出来高の見方（テスラ）

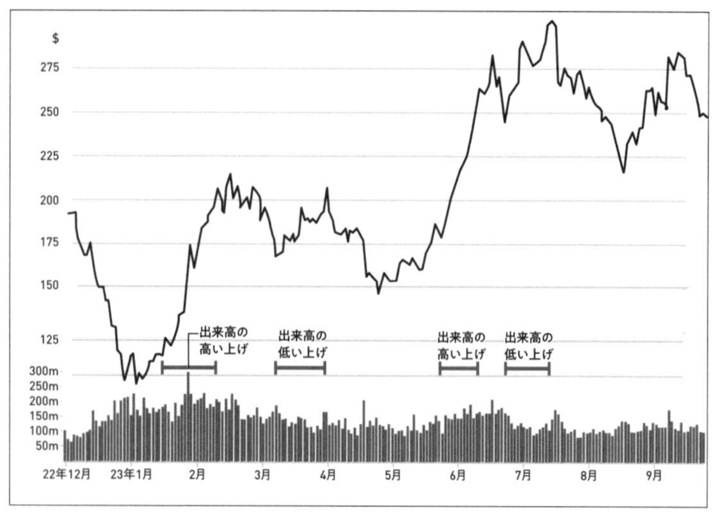

著者作成

機関投資家が買っている フォロースルーデー

フォロースルーデー（Follow Through Day）とは株価に底が入り、新たな上昇トレンドが始まる合図です。定義では株価に一旦底が入り、3営業日以上その底を割らない日が続いた後で、出来高が前日よりも高くて、かつ指数（S&P500などのインデックス指標）がしっかり上がった（例えば1.25％以上）日を「フォロースルーデー」と呼びます。これは「機関投資家が株を買い出した」というシグナルの1つです（図 4-12）。

これは、有名な投資家ウィリアム・オニール氏（故）が提唱した**市場の転換期を見つけるテクニカルシグナル**で、彼が設立した経済新聞 Investor's Business Daily に載っています。

1.25％という数字自体は、はっきりとは決まっていなくて、しっかり上がる（the market closes significantly higher）という表現になっています。いずれにしても、それだけ上がって、しかも出来高が前日よりも多いというのは、機関投資家が買っていることを示しています。ですから、やはり「この買いは何日か続くだろう＝何日か続けて上がるだろう」と予想できるのです。フォロースルーデーが騙しのこともかなりありますが、底はフォロースルーデーなしではほぼ入りません。全てのフォロースルーデーが底ではないが、フォロースルーデーのない底はないと考えておいて大丈夫です。

図 4-12：フォロースルーデー＆ディストリビューションデー（VOO）

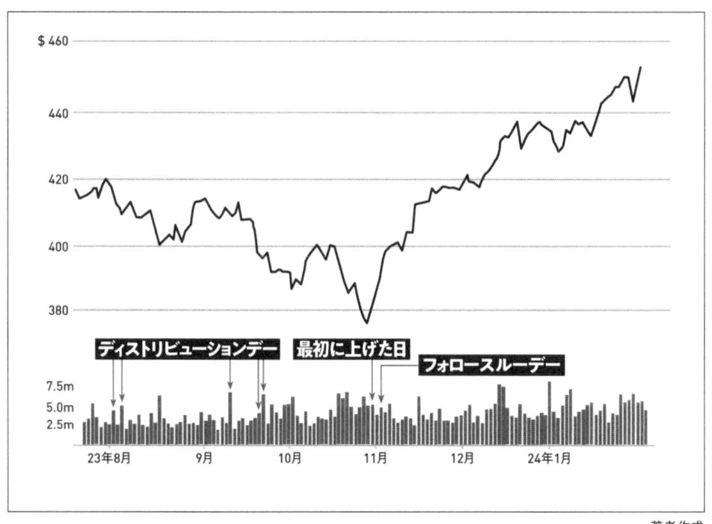

著者作成

逆に、前日より出来高が高くて、指数が1.25％以上下落する日は「ディストリビューションデー（Distribution Day）」と呼ばれます。

これもオニール氏が提唱したコンセプトで、たくさんの投資家がこの**ディストリビューションデーが一定期間に何回あったかをトレンド転換の指標**にしています。ディストリビューションデーが短期間に5回6回と溜まり出すと相場のベア転換が近い、と投資家は警戒し出します。それくらいアメリカでは注目されているシグナルです。

Follow Through Dayは、機関投資家が買っているサイン

- **Follow Through Dayは相場に底が入った可能性を示す。**
- **Distribution Dayは、相場が下落傾向に向かう兆候を示す。**

CHAPTER 5

投資から退場しない心得（リスク管理）

リスクのサイズを適正に❶ コアとサテライトのバランス

投資から退場しない鉄則

マクロを意識してセクターを選び、株なら企業分析をしっかりやって、その株・ETFごとにテクニカルを利用して売り買いすれば、その都度、勝てる確率は高まります。それでも結局、株価は上がるか下がるかしかないのですから、いつでも5割は負ける覚悟をしておく必要があります。実際、百戦錬磨のデイトレーダーでも1つ1つのトレードで勝つ確率は5割5分くらいだと思います。けれど、リスク管理をすれば、二度と投資できなくなるほど、負けを大きくしないですみます。

例えば、勝った株・ETFが2倍になり、負けた株・ETFが15%の損失なら、合計では負けていません。1つ1つのトレードの勝ち負けや勝率を気にすることは、投資の成績の足枷になります。**勝率を上げることではなく、資産を増やすことが目的なのですから、毎年資産がちゃんと増えていれば合格**です。合計で毎年勝つことを目標にしましょう。でも長年、毎年勝ち続けることはプロでも難しいのです。だからたとえその年は負けても、翌年や翌々年……と数年単位で負けなければ、投資は成功です。

そのための鉄則は大きく2つあります。

1つはリスクのサイズを適正にすること。具体的にはポートフォリオの適正なバランスを保つことです。2つ目は損を必要以上に大きくしないこと。これは次の項で説明しています。

コアとサテライトのバランスで、リスクはこんなに変わる

本書では、積み立てインデックス投資をコアにして、サテライトで＋αのリターンを目指していこう、というコア・サテライト運用を推奨しています。サテライトの比率を高めれば、期待できるリターンが大きくなるのと同じだけ、損をするリスクも高まることはすでに理解されたことでしょう。

では、その**コアとサテライトのバランスを、どんな割合にすればベストなのか。**答えは“人によって違う”です。実際に投資して、トライ＆エラーで心地よいリスク許容度を探していくしかありません。サテライトの割合はリスク許容度とともに、マクロ経済を見て、攻める時期か守りの時期かによっても変えることもできます。自分で「今は地合いが悪いな。守りに入りたいな」と判断した時にサテライトの株を売ってコアの指数を買い、コアの割合を増やすことは悪いことではないと私は思います。良くないのは、地合いが悪い時に怖くなって新規の積み立てを止めることです。特にコアは悪い時に続けてこそ意味があります。私の中ではだいたい次のように考えています。

★守りのポートフォリア＝コア８割：サテライト２割

★中間のポートフォリオ＝コア６割：サテライト４割

★攻めのポートフォリオ＝コア４割：サテライト６割

これでどれくらいリスク＆リターンが変わるのか概算し、図5-1～4にまとめました。サテライトでは皆さんお馴染みのマグニフィセント・セブンを、ほぼ同比率でトレードせずにずっと持ち続けた場合を想定しています。比較材料としてコア10割の場合も挙げています。

図 5-1：守りの例（コア8割：サテライト2割）

			毎年年初に買って1年だけ持った場合					年初に買って数年間持ち続けた場合			
			1年ごとのパフォーマンス					5年間	4年間	3年間	2年間
	ティッカー	割合	2019	2020	2021	2022	2023	2018-2023	2019-2023	2020-2023	2021-2023
コア	VOO	30%	31.4%	18.3%	28.8%	-18.2%	26.3%	106.9%	57.5%	33.1%	3.4%
	VTI	30%	30.7%	21.1%	25.7%	-19.5%	26.0%	101.7%	54.4%	27.5%	1.4%
	VT	20%	26.8%	16.6%	18.3%	-18.0%	22.0%	74.9%	38.0%	18.3%	0.1%
コアトータル		**80%**	**30.0%**	**18.9%**	**25.0%**	**-18.6%**	**25.1%**	**97.0%**	**51.4%**	**27.3%**	**2.4%**
サテライト	AAPL	3%	89.0%	82.3%	34.6%	-26.4%	49.0%	408.7%	169.2%	47.7%	9.7%
	MSFT	3%	57.6%	42.5%	52.5%	-28.0%	58.2%	289.9%	147.4%	73.6%	13.9%
	AMZN	3%	23.0%	76.3%	2.4%	-49.6%	80.9%	102.3%	64.5%	-6.7%	-8.9%
	GOOGL	3%	28.2%	30.8%	65.3%	-39.1%	58.3%	167.3%	108.6%	59.4%	-3.6%
	META	3%	56.6%	33.1%	23.1%	-64.2%	194.1%	170.0%	72.5%	29.6%	5.2%
	TSLA	3%	25.7%	743.4%	49.8%	-65.0%	101.7%	1019.8%	790.9%	5.6%	-29.5%
	NVDA	2%	76.9%	122.3%	125.5%	-50.3%	239.0%	1395.2%	745.1%	280.2%	68.6%
サテトータル		**20%**	**49.7%**	**163.5%**	**46.7%**	**-45.9%**	**105.2%**	**463.2%**	**277.5%**	**59.4%**	**5.3%**
	Total	**100%**	**33.9%**	**47.8%**	**29.3%**	**-24.1%**	**41.2%**	**170.2%**	**96.7%**	**33.7%**	**2.4%**
	元本倍数		1.34	1.48	1.29	0.76	1.41	2.70	1.97	1.34	1.02
	100万円		1,339,084	1,478,362	1,293,371	759,132	1,411,640	2,702,230	1,966,518	1,337,322	1,024,306

図 5-2：中間の例（コア6割：サテライト4割）

			毎年年初に買って1年だけ持った場合					年初に買って数年間持ち続けた場合			
			1年ごとのパフォーマンス					5年間	4年間	3年間	2年間
	ティッカー	割合	2019	2020	2021	2022	2023	2018-2023	2019-2023	2020-2023	2021-2023
コア	VOO	20%	31.4%	18.3%	28.8%	-18.2%	26.3%	106.9%	57.5%	33.1%	3.4%
	VTI	20%	30.7%	21.1%	25.7%	-19.5%	26.0%	101.7%	54.4%	27.5%	1.4%
	VT	20%	26.8%	16.6%	18.3%	-18.0%	22.0%	74.9%	38.0%	18.3%	0.1%
コアトータル		**60%**	**29.6%**	**18.7%**	**24.2%**	**-18.6%**	**24.8%**	**94.5%**	**49.9%**	**26.3%**	**2.3%**
サテライト	AAPL	6%	89.0%	82.3%	34.6%	-26.4%	49.0%	408.7%	169.2%	47.7%	9.7%
	MSFT	6%	57.6%	42.5%	52.5%	-28.0%	58.2%	289.9%	147.4%	73.6%	13.9%
	AMZN	6%	23.0%	76.3%	2.4%	-49.6%	80.9%	102.3%	64.5%	-6.7%	-8.9%
	GOOGL	6%	28.2%	30.8%	65.3%	-39.1%	58.3%	167.3%	108.6%	59.4%	-3.6%
	META	6%	56.6%	33.1%	23.1%	-64.2%	194.1%	170.0%	72.5%	29.6%	5.2%
	TSLA	5%	25.7%	743.4%	49.8%	-65.0%	101.7%	1019.8%	790.9%	5.6%	-29.5%
	NVDA	5%	76.9%	122.3%	125.5%	-50.3%	239.0%	1395.2%	745.1%	280.2%	68.6%
サテトータル		**40%**	**51.0%**	**148.0%**	**48.6%**	**-45.5%**	**108.7%**	**472.6%**	**276.3%**	**66.3%**	**8.4%**
	Total	**100%**	**38.2%**	**70.4%**	**34.0%**	**-29.3%**	**58.3%**	**245.8%**	**140.5%**	**42.3%**	**3.9%**
	元本倍数		1.38	1.70	1.34	0.71	1.58	3.46	2.40	1.42	1.04
	100万円		1,381,551	1,703,837	1,339,863	706,539	1,583,477	3,457,587	2,404,985	1,422,950	1,039,096

図 5-3：攻めの例（コア4割：サテライト6割）

			毎年年初に買って1年だけ持った場合					年初に買って数年間持ち続けた場合			
			1年ごとのパフォーマンス					5年間	4年間	3年間	2年間
	ティッカー	割合	2019	2020	2021	2022	2023	2018-2023	2019-2023	2020-2023	2021-2023
コア	VOO	20%	31.4%	18.3%	28.8%	-18.2%	26.3%	106.9%	57.5%	33.1%	3.4%
	VTI	10%	30.7%	21.1%	25.7%	-19.5%	26.0%	101.7%	54.4%	27.5%	1.4%
	VT	10%	26.8%	16.6%	18.3%	-18.0%	22.0%	74.9%	38.0%	18.3%	0.1%
コアトータル		40%	30.1%	18.6%	25.4%	-18.5%	25.2%	97.6%	51.8%	28.0%	2.7%
サテライト	AAPL	9%	89.0%	82.3%	34.6%	-26.4%	49.0%	408.7%	169.2%	47.7%	9.7%
	MSFT	9%	57.6%	42.5%	52.5%	-28.0%	58.2%	289.9%	147.4%	73.6%	13.9%
	AMZN	9%	23.0%	76.3%	2.4%	-49.6%	80.9%	102.3%	64.5%	-6.7%	-8.9%
	GOOGL	9%	28.2%	30.8%	65.3%	-39.1%	58.3%	167.3%	108.6%	59.4%	-3.6%
	META	8%	56.6%	33.1%	23.1%	-64.2%	194.1%	170.0%	72.5%	29.6%	5.2%
	TSLA	8%	25.7%	743.4%	49.8%	-65.0%	101.7%	1019.8%	790.9%	5.6%	-29.5%
	NVDA	8%	76.9%	122.3%	125.5%	-50.3%	239.0%	1395.2%	745.1%	280.2%	68.6%
サテトータル		60%	50.9%	154.6%	49.7%	-45.4%	108.3%	489.9%	287.9%	68.1%	8.6%
	Total	100%	42.5%	100.2%	40.0%	-34.6%	75.0%	333.0%	193.5%	52.1%	5.4%
	元本倍数		1.43	2.00	1.40	0.65	1.75	4.33	2.93	1.52	1.05
	100万円		1,425,498	2,002,077	1,399,547	653,694	1,750,371	4,329,921	2,934,861	1,520,980	1,053,724

図 5-4：コアのみの例（コア10割）

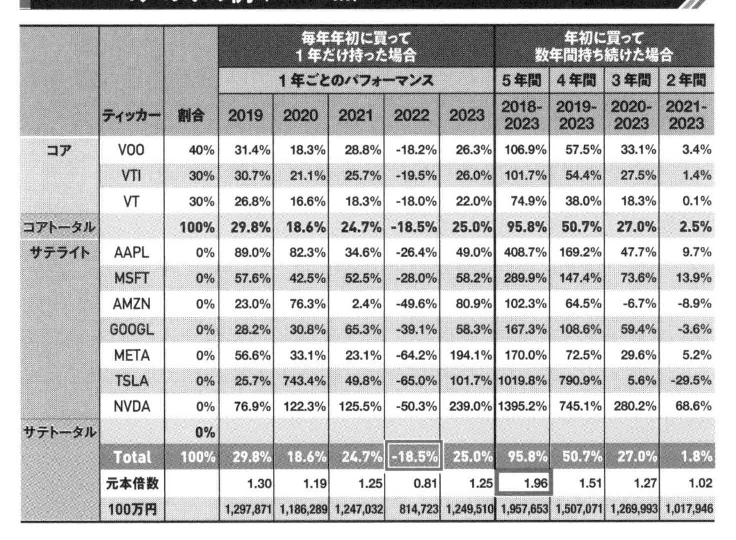

			毎年年初に買って1年だけ持った場合					年初に買って数年間持ち続けた場合			
			1年ごとのパフォーマンス					5年間	4年間	3年間	2年間
	ティッカー	割合	2019	2020	2021	2022	2023	2018-2023	2019-2023	2020-2023	2021-2023
コア	VOO	40%	31.4%	18.3%	28.8%	-18.2%	26.3%	106.9%	57.5%	33.1%	3.4%
	VTI	30%	30.7%	21.1%	25.7%	-19.5%	26.0%	101.7%	54.4%	27.5%	1.4%
	VT	30%	26.8%	16.6%	18.3%	-18.0%	22.0%	74.9%	38.0%	18.3%	0.1%
コアトータル		100%	29.8%	18.6%	24.7%	-18.5%	25.0%	95.8%	50.7%	27.0%	2.5%
サテライト	AAPL	0%	89.0%	82.3%	34.6%	-26.4%	49.0%	408.7%	169.2%	47.7%	9.7%
	MSFT	0%	57.6%	42.5%	52.5%	-28.0%	58.2%	289.9%	147.4%	73.6%	13.9%
	AMZN	0%	23.0%	76.3%	2.4%	-49.6%	80.9%	102.3%	64.5%	-6.7%	-8.9%
	GOOGL	0%	28.2%	30.8%	65.3%	-39.1%	58.3%	167.3%	108.6%	59.4%	-3.6%
	META	0%	56.6%	33.1%	23.1%	-64.2%	194.1%	170.0%	72.5%	29.6%	5.2%
	TSLA	0%	25.7%	743.4%	49.8%	-65.0%	101.7%	1019.8%	790.9%	5.6%	-29.5%
	NVDA	0%	76.9%	122.3%	125.5%	-50.3%	239.0%	1395.2%	745.1%	280.2%	68.6%
サテトータル		0%									
	Total	100%	29.8%	18.6%	24.7%	-18.5%	25.0%	95.8%	50.7%	27.0%	1.8%
	元本倍数		1.30	1.19	1.25	0.81	1.25	1.96	1.51	1.27	1.02
	100万円		1,297,871	1,186,289	1,247,032	814,723	1,249,510	1,957,653	1,507,071	1,269,993	1,017,946

★このツールはダウンロードして活用いただけます。エクセルには５割：５割と７割：３割の例もあります。
またご自分で割合を変えてみてリターンを比較することもできます（163ページ）。

最後の2つ、コアのみと最もアグレッシブなコア4割：サテライト6割のポートフォリオ例を比べてみましょう。2018年の年末から2023年の年末まで100万円を5年間保有した場合、コアのみのポートフォリオ例では資産は約2倍になっていますが、攻めの例では資産は4.3倍になっています。最も保守的なコア8割：サテライト2割でもコアのみの約2倍に対して2.7倍になっています。ただ注意すべき点は1年だけ保有した場合のパフォーマンスの2022年です。攻めの4割：6割の例は、2022年に35％減少しています。つまり2022年初頭にあった100万円が、年末には65万円になってしまったということです。その期間コア10割の場合は18.5%しか目減りしていません。つまり81万円です。

リスクをよく理解せずに、利益の可能性だけに注目してポートフォリオを組むと実際に下がった時に怖くなって売ってしまう人が非常に多いのです。自分の含み損許容度と相談して、コア・サテライトの割合を決める必要があります。

気をつけていただきたいのは、この4つの例はあくまで過去の実績をもとにしているのと、売り買いしないで持ち続けた場合の概算です。「実際にこれからもこうなる」という未来を予想するものではありません。また、計算に使った2019年〜2023年はとても地合いが良かったことも付け加えておきます。さらに例に使ったマグニフィセント・セブンが、過去例を見ないアウトパフォーマンスをした時期でもあります。実際は、攻めの割合を組んでコア10割の倍以上の成績を出せることは稀でしょう。地合いが悪い時、またはサテライトの株選びに失敗したならそれぞれ増えた率と同じだけ下がったかもしれない、という想像もしてみてください。迷ったら、守りのポートフォリオから始めて徐々に調整していきましょう。

リスクのサイズを適正に❷ ポジションサイズ

平均のポジションサイズを出す

コアとサテライトのバランスを決めたら、次に、サテライトの中でそれぞれの株・ETFをどれくらいずつ保有するのが良いのか、自分のリスク許容度と対話しながら決めていきます。

この計算ツールも163ページのURLまたは二次元コードからダウンロードできるようにしました。このツールの使い方は、このセクションで詳しく説明します。まずは入力するセルについて、どのように考えていくと良いのかを説明しておきます。

まずは図5-5の「サテライト比率、銘柄数、現金比率で決める場合」を見てみましょう。「ポートフォリオサイズ」は投資できるお金、「サテライト割合」「指数割合」は前項で決めたコアとサテライトのパーセンテージです。「サテライト銘柄数」は、多いほどリスクは分散できます。ですが、兼業投資家がそれほど多くの企業分析に時間を割けるか、という現実問題もあります。

図5-5：平均ポジションサイズの決め方ワークシート

サテライト比率、銘柄数、現金比率のみで決める場合

ポートフォリオサイズ	$10,000		
サテライト割合	20%		
指数割合	80%		
サテライト銘柄数	10	5-20	個別銘柄数の範囲
サテライト現金率	20%		
平均ポジションサイズ	$160	1.6%	ポートフォリオに占める割合

私の感覚では、慣れないうちは個別株は5銘柄くらい、慣れた人でも20銘柄くらいが限界ではないかと思います（セクターETFなどはこの中に含みません）。

「サテライト現金率」に注目してください。これはサテライトの中でも「今、投資していない」お金ということです。新たに株・ETFを買う時は、ここから投資します。

コアとサテライトの比率を決めたからといって、常にサテライト予算の満額を投資に回すわけではありません。やはりマクロを見て、攻めか守りかによっても変える必要があります。例えば、

地合いが良い時＝攻め＝投資8割：現金2割
地合いが悪い時＝守り＝投資6割：現金4割

これは、サテライトの中での割合。コアは常に10割投資し、インデックス積み立ては地合いが良い時も悪い時も粛々と続けることが大事です。

もちろん、一時的にサテライト内は現金10割（＝サテライト投資をしない）という判断もあり得ますし、その一部をコアに回して指数投資し、コア・サテライトの割合を変えることもあると思います。そもそも、どういう時にどういう割合を適正だと感じるかは人によって違います。実際に投資をして、株価のアップダウンによって自分のポートフォリオがどう変わるか、その時に安心していられるかどうかで探っていきます。

ここまで入力すると、1銘柄の平均ポジションサイズが自動計算できます。これが自分のリスク許容に合った1銘柄の平均金額です。

図5-5の例は、投資につぎこめるお金が1万ドルあったとして、サテライトのバランスは守りの2割、サテライト現金率のほうは2割で、10銘柄に分散しているケースです。1銘柄の平均ポジションサイズは約160ドルで、コアも入れたポートフォリオ全体の1.6%という計算になりました。

「そんなに少し？」と驚いたでしょうか。投資できるお金が1万ドルあるからといって、1つの株に1万ドルをつぎ込むのは、どれほどリスク許容度を無視した行為か、改めて実感できると思います。

私の場合は、企業分析をして長期で持てる自信のある株が、マクロ分析・テクニカルとも「すごく良い」と確信の持てる場合で、ポジションサイズはコアも入れた全体の5%くらい、そこまで確信が持てず「とりあえず買ってみようか」という銘柄は1%を目安にしています。

各銘柄のポジションサイズを決める

ここまでの計算は、10銘柄買った場合の平均のポジションサイズです。しかし、とるべき最大サイズは銘柄のボラティリティ（1日に株価が動く振れ幅＝リスク）によってでも、変わってきます。ここからはボラティリティを踏まえた、ポジションサイズを割り出していくための考え方を紹介します。**鍵になるのは、Average True Range（ATR）という数値**です。例えばアップルとテスラの株価がほぼ同じだとしても、アップルとテスラではボラティリティが異なります。成長した感のあるアップルより、まだまだ伸び盛りのテスラのほうが値動きは激しくなります。その振れ幅の過去3週間の平均がATRです。

ATRと似たような数値に「ベータ（Beta）」もありますが、ATRはその株価が1日で平均どれくらい動くのかがドルで表示されるので、ポジションサイズを計算する時にはわかりやすいため、ここで採用しています。

さて、このサンプル作成時（2023年12月15日）で、アップルのATRは0.90ドルでした（図5-6）。

例えば、1万ドルを投資する人が、「1つの銘柄のポジションで、1日平均で2ドル下がるまでなら許容範囲内」と思っているとします。そうすると、

許容範囲2ドル÷ATR 0.90ドル＝Full Position Size 2.21株

と計算します。これが「Full Position Size」、つまりアップルに投資できる最大限の株数となります。

次に、この日の株価で2株を買うとしたら、いくら投資することになるのか。計算は簡単です。

Price（この日の株価）185.59×2.21株＝410.15ドル

「この予算で、この許容範囲内なら、アップルの株に約410ドルまで投資していい」ということになります。つまり全体の約4％です。

このツールを使うと「買いたい」と思った時点の最大ポジションサイズが計算できます。

図 5-6：最大ポジションサイズの決め方ワークシート／アップル

Average True Range を使って最大投資額を設定する場合

銘柄 Ticker	AAPL		
株価	$185.59		今日の株価を入力
Average True Range	$0.9	0.49%	1 日の株価の平均変化率
平均許容損失範囲	0.02%		
許容損失ドル	$2.00		各営業日 1 日平均で一株で出る損失
最大の株数	2.21		
最大の投資額	$410.15	4.1%	ポートフォリオに占める割合

アベレージトゥルーレンジ（ATR）による違い

同じ条件でテスラの株を買う場合はどうか、その計算が下に続いています（図 5-7）。

テスラは ATR が 3.66 ドルで、アップルの約 3 倍の振れ幅（1.61% vs 0.49%）があります。リスクの許容範囲 2 ドルを超えたくなければ 0.55 株、124.16 ドルまでしか投資できません。これは全体の 1.2% です。ATR によってこんなに違うのです。

図 5-7：最大ポジションサイズの決め方ワークシート／テスラ

Average True Range を使って最大投資額を設定する場合

銘柄 Ticker	TSLA		
株価	$227.22		今日の株価を入力
Average True Range	$3.66	1.61%	1 日の株価の平均変化率
平均許容損失範囲	0.02%		
許容損失ドル	$2.00		各営業日 1 日平均で一株で出る損失
最大の株数	0.55		
最大の投資額	$124.16	1.2%	ポートフォリオに占める割合

【ATR】 Average True Range。その銘柄の平均的な 1 日の値動き。最大リスクを把握するために使われる。

このように考えずに、「なんとなく」とか「きりがいいから」、「アップルもテスラも2万円ずつ」とざっくりと投資金額を決めてしまうと、自分のリスク許容度を無視した投資になってしまいます。

こうして計算して投資すれば、株価が下に動いた時でも「この下げ幅は損切りするレベルだ」「まだ許容範囲内だから焦らず様子を見よう」といった判断材料になるため、平常心で冷静に対応できます。**予想外に大きく下げた時に平常心を保てる**かが、投資の勝敗の鍵を握ります。

どんなにリスクを分散したつもりでも、株価というものは大きく下がる時は一斉に一緒に下がります。1銘柄の下げでは保てた平常心も、10銘柄全て一気に一緒に下がったら、どうでしょうか？自分が思うリスク許容度とよく相談して、ポジションサイズを決めましょう。

ATRはウェブサイトInvesting.comの各銘柄のTechnical Indicatorsのページで確認できます。このサイトには、ATRが平均の株に比べてLess Volatility（それほど値動きは大きくない）なのか、High Volatility（値動きが大きい）なのかも教えてくれます（図5-8）。

【Investing.com】金融ニュースやリアルタイムチャート、ポートフォリオ、ライブ株式市場データなどを提供する金融情報のポータルサイト。

図 5-8：ATR の調べ方／ Investing.com の画面 - アップルの ATR

Apple 185.59 -0.60 (-0.32%)

Technical Indicators >

Summary: Strong Buy Buy: 10 Neutral: 0 Sell: 1 Jan 11, 2024 09:05PM GMT

Name	Value	Action
RSI(14)	56.038	Buy
STOCH(9,6)	35.988	Sell
STOCHRSI(14)	68.831	Buy
MACD(12,26)	0.41	Buy
ADX(14)	30.254	Buy
Williams %R	-42.773	Buy
CCI(14)	71.9972	Buy
ATR(14)	1.0193	High Volatility
Highs/Lows(14)	0.2807	Buy
Ultimate Oscillator	54.212	Buy
ROC	0.248	Buy
Bull/Bear Power(13)	0.566	Buy

ATR(14) 1.0193 High Volatility

出典：Investing.com

リスクの分散はとても大切なことなので、ここでもう少し詳しく解説します。

1万ドル投資する人にとって、2ドルの許容範囲ということは、全体の 0.02%です。

もし、10 個の銘柄に投資するなら、

許容範囲 2 ドル（0.02%）× 10 銘柄＝許容範囲 20 ドル（0.2%）

となります。株価は同じトレンドで動くことを思い出すと、この場合**「投資したお金が毎日平均で 20 ドル（0.2%）失われるリスクを許容した」**ということです。同様に、同じ 2 ドルの損失許容範囲で、15 銘柄投資したとしたら 30 ドル（0.3%）になります。

さらにサテライト以外の投資資産はコア投資でS&P500などの指数に投資してあるとして、S&P500のATRは換算すると0.78%。例えば資産の8割の8000ドルを指数に投資したとすると、コアのほうは1日平均の損失可能額は62ドルになります。

この場合、サテライトの30ドルとコアの62ドルで、毎日平均で100ドル近くの金額が上がったり下がったりする、ということになります。それは全体の1%です。たかが1%と思うかもしれませんが、これは毎日の平均で、です。株価が大きく動く日などは、この何倍も上下するのです。

ヘッジファンドなどの機関投資家では、1日で運用資金全体の1%以上も動く日はそれほどありません。平均的なヘッジファンドが毎年達成するリターン（マネージャーの報酬を払った後のネットリターン）は、1桁の上のほうです。2桁は行きません。もちろん長い間毎年平均30%などを叩き出す化け物ファンドもありますが、そのようなファンドは非常に稀です。

平均的なファンドは1年で7～9%のリターンなのに、1日平均で1%以上動いてしまったら大変です。そんなにボラティリティが激しかったら投資家はどんどん資金を引き上げるでしょう。**機関投資家はそれだけリスク管理が徹底している**のです。

こうして試算しながら、本当にこのリスクを許容できるか、**1日にそれだけのお金が失われてもストレスを感じずに投資を続けられるか**、何度も検証してみてください。

時々SNSやテレビで1年で資産を3倍にしたとか、100万円を数年で1億にしたとか言う人がいて、「自分にもできるのではないか」と錯覚してしまうかもしれません。しかし、そういう人はコア投資などせずに、少ない銘柄に集中投資して信用を使いレバレッジをかけていたりします。つまりものすごいリスクを取っているのです。そういう投資で成功する1人の後ろには、大事なお金をなくした人が何千人もいることを忘れてはいけません。

私達が実践すべき投資は堅実で地道で、ある意味つまらない投資です。ヘッジファンドの投資術とはそういうものです。

逆算して検証する

ここまで各銘柄のポジションサイズに注目してきました。

逆に、ATRを使ってそれぞれの銘柄の1日の動きで自分のポートフォリオ全体が何%動くのかを割り出すこともできます。

アップルの場合で見てみましょう。まず先ほど219ページの図5-6で、ATRで求めたアップルの最大ポジションサイズは約400ドルでした。ポートフォリオの4%です。

もしポートフォリオの1%をアップルに投資するなら、最大ポジションの4分の1なので、1日の許容範囲のリスクの2ドルの4分の1、つまり50セント動く、という計算になります。1銘柄につき、1日で自分のポートフォリオ全体の0.005%しか下がらない代わりに0.005%しか上がらない。つまり、大きく減らない代わりに大きくも増えないことがわかりますね。

アップルへの投資によってもっと自分のポートフォリオを育てたいなら、1日の許容範囲のリスクの上限を2ドルから5ドルに上げて、思い切って全体の10%ぐらいまでポジションを上げるべきだろうか、と考えたりするわけです。そうすると、今度はまたリスク許容度に対してどうなのか……とシミュレーションしてみたりして、このように自分と対話しながらポジションサイズを決めていきます。

ポジションサイズの決め方

- **投資によって発生する1日の許容範囲損失を最小限に抑えたいなら、同時に資産が大きく増えることもない。**
- **本書のダウンロード特典のツールを使ってリスク許容度とシミュレーションを繰り返し、自分に合ったポジションサイズを決める。**

損を必要以上に大きくしない（損切りのルール）

実はここがプロとアマを分ける

投資から退場しない鉄則の１つ目が、リスクのサイズを適正にすること。2つ目は、損を必要以上に大きくしないことでしたね。つまり、**損切りルールの徹底**です。

改めて「損切り」とは、投資した株の株価が下がった時に売ることです。負けを大きくしないためには、どこで損切りするのか、投資をする前に決めておく必要があります。

自分の予測が当たらなかった時にどうするかを事前に決めておかないと、株価がずるずると下がっていく時になかなか手を打つことができません。「今さら売るより、また上がるのを待ったほうがいいのかも」という気持ちに負けて、塩漬け状態のまま下がっていくのを見ているだけになりがちです。ポートフォリオの現金比率も低いままで、別の米国株・ETF で買い場があっても塩漬けになった株のせいでチャンスをうまく活かせない結果になります。

そうならないように、**買う時点で損切りのルールを詳しく決めておきましょう。**いざ好ましくない現象が起こった時には、冷徹にそのルールに従ってください。

「よし、わかった」とページをめくる前に、もうひとこと言わせてください。**その損切りのルールに従うのは、想像する以上に難しいことです。30 年間投資している私でさえ難しい。**いまだに失敗することもあります。

損切りとは、たとえるなら「あなたの親友、陰で悪口を言っていたらしいよ」という噂だけで、その親友と絶交するようなものです。「あなたのパートナー、浮気しているらしいよ」という噂だけで、離婚するようなものなのです。実生活なら、悪口を言っている確証を得たり、浮気の現場を押さえた上で、どうするか考えたり、話し合ったりするでしょう。しかし、損切りはそのタイミングでは遅いのです。大好きになって買った株と「かもしれない」という段階で、お別れする必要があります。どうしても信じてみたい心理が湧いてくるのが人情です。だから損切りは難しいのです。

人間関係では慎重に歩み寄る努力をしたいものですが、投資に情けは禁物です。どうか鉄の意志で損切りルールを貫いてください。

損切りに正解はない

これまた難しいことに、損切りのルールには正解はありません。ルールにはいろいろな決め方があって、どれも一長一短です。何より、自分にとって実行しやすい・しにくいという相性もあります。

まずは**採用している人が多いルールを紹介しますので、自分が守れると思うものを選んで、次の投資に採用してみて**ください。守れなかったら、次は別の方法を採用してみて、自分にとってベストなルールを探していってください。

どれを採用するにせよ、大切なのは投資を始める時点で損切りするレベルを決めておくことです。紙に書いて部屋に貼ってほしいくらいです。そこまでしなくても、237ページから解説する「トレード日記」には必ず書いてください。

図 5-9：損切りのルールの長所と短所

方法	長所	短所
%で決める（逆指値あり）	・意志が弱くても市場を毎日見れなくても損切りができる。 ・最大損失額をあらかじめ決めておける。 ・シンプルでわかりやすい。	・逆指値狩りに遭う。 ・相場に関係のない自分の取得単価によるのでランダムな場所で売ることになりかねない。
%で決める（逆指値なし）	・逆指値狩りに遭わない。 ・最大損失額をあらかじめ決めておける。 ・シンプルでわかりやすい。	・意志が弱かったり市場を毎日見れないと損切りし損なう。 ・相場に関係のない自分の取得単価によるのでランダムな場所で売ることになりかねない。
チャートで決める	・株価が本格的に崩れる前に売れる可能性がある。 ・テクニカル的にまだ元気な株を売る可能性が低い。	・意志が弱かったり市場を毎日見れないと損切りし損なう。（逆指値あり・なしの特徴も当てはまる）
業績やニュース・イベントで決める	・分析に自信があるなら、これが一番王道のヘッジファンドの損切り法。 ・自分の中のその株を保有するテーゼが崩れたらすぐに売るため、株価が崩れる前に売れる可能性がある。	・解釈の幅が広いので自分の分析にかなりの自信を持つ必要がある。 ・意志が弱かったり市場を毎日見れないと損切りし損なう。 ・悪い決算やニュースの後で売る場合、株価がすでに崩れた後に売ることになる。

%で決める（逆指値をしておく）

「買った株価より○%下がったら売る」と決めておく損切りのルール。確実に実行するために、証券会社の口座で「○ドル以下になったら売る」と逆指値注文を入れておくことができます。例えば、100 ドルで買った株を 90 ドルで逆指値しておくと、90 ドルを割った次の成行注文で売れるので、もっと株価が下がる前に売ることができます。

【逆指値注文】「価格が上昇し、指定した値段以上になれば買い」「価格が下落し、指定した値段以下になれば売り」とする注文方法。

成行とは、簡単にいうと「その金額で買います（指値）」という人が現れた時に、その人の言い値で取引することです。例えば、90ドルで売りの逆指値しておくと、89.99ドルで取引された次の指値が89ドルの買いだった場合、その金額で取引されます。

このルールのメリット・デメリットは、図5-9のとおりですが、「逆指値狩りに遭う」というのがわかりにくいかもしれませんね。これは「逆指値が同じところに集まりやすい」という株の性質からきています。

みんな同じチャートを見て株を買っています。ということは「ここで買っておけばチャンスだ」という判断は似たものになり、買うタイミングも似てきます。「○％下がったら売る」という程度の差はあるとはいえ、だいたい似たようなところに逆指値も集まります。特に**トレンドラインや移動平均線の支持線よりちょっと下に集まりがち**です。ということは、一旦逆指値の株価を割ると一気に成行の売り注文が入ることになるので、ガクッと下がったところで成行で売られることになりやすいのです。

つまり、逆指値が集まっていそうな辺りまで株価が下がるように大量に空売り注文を出し、個人投資家達の逆指値が発動して株価がかなり下がったところで株を買い戻す「逆指値狩り」をするデイトレーダーやヘッジファンドもたくさんいるのです。普通に逆指値をした人は、この餌食になって一瞬だけガクッと下がった株価の一番下の安値で売ってしまい、その直後に株価が戻ったりすることになるわけです。

%で決める（逆指値をしておかない）

こうした逆指値のデメリットを嫌って、あえて逆指値をせずに、「決めた％を割った翌日に寄り付きで成行で売る」「決めた％を割って、次に少しでも上がったところで売る」というルールを採用している人もいます。すると、逆指値狩りに狩られるリスクはありません。

けれど、逆指値をしておかないと、うっかり株価を見なかった数日の間に大幅に下がってしまう危険性もあるでしょう。あるいは、株価を見たとしても結局、感情に負けて、決めたルールを守れないなんてことになりかねません。どちらも一長一短です。

チャートで決める

CHAPTER 4で説明したように、テクニカルで「200日移動平均線が下向きになったら損切りする」「デッドクロスしたら損切りする」というようなルールのことです。

「％で決める」というルールは損失額をあらかじめ決めておけるメリットや、シンプルでわかりやすいというメリットがあるのですが、あくまで「自分が買った株価」が基準になっています。いってみれば“自己中心的”なルールです。

実際の株の動きに「自分が買った株価」は関係ありません。％で決めるルールで損切りする時に、チャートはまだまだ元気ということだってあり得ます。それもあって、**私自身はチャートを重視した損切りルールを採用する**ことがほとんどです。

【寄り付き】証券取引所の取引において、前場（ぜんば＝午前中の取引）と後場（ごば＝午後の取引）の最初についた取引（またはその値段）のこと。

ただし、チャートの解釈には幅があります。判断自体が難しいこともありますが、「自分の判断が間違いかもしれない」という気持ちが湧いてしまって、「ここで売らないほうがいいのではないか」という気がして実行を先延ばしにしがちです。

また、移動平均線は過去一定期間の株価の平均なので、それを見て決めるということは、どんなに頑張っても何日分か後手に回っていることになります。「なるべく早く売って、なるべく損切りの幅を少なくしたい」という人にとってはデメリットです。

企業業績やニュース・イベントで決める

「決算の数字が2回連続で悪ければ売る」とか、私のアマゾン株のように一次情報で「潮目が変わったと思ったら売る」というケースもあります。チャートよりもますます解釈の幅が大きいので、かなり意志を強く持たないとルールを徹底するのは難しいかもしれませんが、これで成功している人もたくさんいます。ファンダメンタル分析に重きを置くヘッジファンドが保有株を処分する場合は、業績悪化や予想していたカタリスト（株価を動かすニュースやイベント）が思い通りにいかなかった場合が多いです。

損切りのメリット

ルール設定自体には正解はありませんが、**ルールを事前に決めておくこと、決めたルールを守ること、これは絶対に正しい**行いです。

損切りをすると、その時点で損が確定してしまいます。「持ち続けていれば上がる可能性もあるじゃないか」と思うかもしれませんが、負けが大きくなる可能性だってあるわけです。

実際、損切りをした途端に株が上がり出すことは非常によくある現象です。みんな同じようなレベルで損切りを設定しているからです。自分の損切りのルールを破り、持ち続けたら株価が戻って大儲けした、という経験も私も何回かあります。でも**その手の経験は長期ではデメリットになると私は感じています。自分のルールを守る鉄の意志を弱める材料になってしまうから**です。

最初は損切りを実行するのは難しいと思います。けれど、損切りはやればやるほど慣れてきます。そして、たとえ損失が出ても、たいていの場合は「損切りしてよかった」と後で思うはずです。人生と同じです。**もやもやしながら続けるより、思い切ってスッキリ精算するほうが、前向きな気持ちで次に向かえます。**

一度損をしても、再度分析の結果、やはりその株が良いと再確認できたのなら、またタイミングを見て買い直せばいいのです。その時の買い値が損切りしたレベルよりも上だったとしても気にしません。同じ株にしろ、別の株にしろ、損切りして現金にしておけば、チャンスの時に買い場を逃さなくてすみます。

下り続ける株を塩漬けにしていると、新たに買う現金がない上に、「また投資しよう」という意欲が湧きません。これほど精神衛生上良くないことはありません。大きな機会損失です。

どうか、損切りも前向きに、冷徹に実行してください。

最後にもう１つ言っておくと、逆に**この株は「絶対に損切りしない」**というルールもありだと私は思います。

自分の分析に自信があり、“これは絶対に良い株だからどんなに下げても損切りしないぞ”とあらかじめ決めたのなら、その自分の分析のテーゼが壊れていない限り、どんなに下がっても「損切りはしない」というルールを鉄の意志で守る必要があります。

一番ダメなのは「損切りはしない」と言っておきながら、50%も下がった後に「やっぱり自分が間違っていたのかな？」なんて弱気になって底で売ることです。「損切りはしない」と決めたのなら、自分の分析に自信と責任を持ってルールを守り抜いてください。鉄の意志です。**ふわふわした気持ちの投資は全て相場の魔物に狩られます。**

損切りのルール

- **損切りとは、負けをこれ以上大きくしないために行うもの。**
- **買う時点で損切りのルールを詳しく決めておく。**
- **%で決める、チャートで決める、業績で決めるなど、損切りのルールは人それぞれ。**
- **自分で決めたルールを徹底することが大事。**

利確のルール

利確も損切り同様難しい

株価がいくら上がっても、利確するまでは「含み益」です。利確とは損切りの逆で、利益を確定させるために売ることです。この利確のルールも決めておきましょう。

「せっかく上がっている株を売るのはもったいない」と思うかもしれませんが、それが利確の難しさです。もっと株価が上がるかもしれませんし、急に下がるかもしれません。やはり**ルールを決めて、コツコツと利益を確定しておかないと絵に描いた餅**で終わってしまう可能性があります。

この利確のルールの決め方も損切りと似ています。また、損切りルールと同様に正解はない、というか、自分が守りやすいルールが正解、という部分も同じです。そして、決めたルールに冷徹に従うべきというのも全く一緒です。

利確のタイプ

%で決める人は、「15%上がったら半分売って、21%上がったら全部売る」「2倍になったら元本分を売る」など、様々に設定しています。2倍になって元本分を売れば、元本が返ってきますので、絶対に損をしないことになります。「○ドル以上になったら売る」という「指値」もできます。

【元本】株や債券などの投資をする際に必要な、購入の元手となるお金。

チャートで決めるなら、CHAPTER 4の内容を応用してルールを設定してください。「200日移動平均線が下向きになったら売る」「デッドクロスしたら売る」というように。

チャートで決めるとやはり後手になって、天井から落ちてきたところで売ることになります。けれど、「ここが天井だった」というのは後からわかることです。**そのまま上がるかもしれないものを早めに手放すより、天井を逃したとしても、トレンドが変わったことを確信してから手放すほうが良い**と私は考えています。

企業業績で決める人は、やはり「2回連続で決算が悪ければ売って利確する」というようなルールを設定しています。

損切りでも同様ですが、決算の数字が1回悪いということは、どの企業でも結構あります。けれど2回続けて悪ければ、無視できない要因がありそうです。一旦売って、改めてじっくりと企業分析をしてみてください。こうして様子を見ながら、「2回連続で決算が良ければ買い戻す」と決めている人もいます。

その他、「グロース株がグロースじゃなくなったら売る」という人もいます。見極めが難しいですが、成長企業が「配当を増やす」「自社株買いをする」といった発表をしたら、「成長は鈍る」と判断できます。

利確のルール

- **ルールを決めて、コツコツと利益を確定しておく。**
- **チャートで決めるなら早めに手放すより、トレンドが変わったことを確信してから手放すほうが良い。**

最終的に投資は心理戦

全く同じ相場でも考えることは180度違う

損切り、利確に限ったことではなく、投資の難しさは“正解がない”ところにあります。同じ銘柄で同じチャートを見て、短期のトレードをする人が「今は下げ調子だから売ろう」と思って売る、中期のトレードをする人が「安くなったからチャンスだ」と買い始める、このどちらも正解であり、どちらも不正解になり得ます。

そこで、“自分にとっての正解”を導き出せるようにと、本書では、その手順や基準になるセオリー、ルールの決め方について紙数を割いてきました。ただし、それでも間違うことはあります。プロでも熟練者でも、１つ１つのトレードが正解である可能性は５割ちょっとです。

株価が「おかしいぞ」という動きをしたら、「市場が正解。自分が間違えた」と認めて、テクニカルにヒントをもらいながら、次の正解を探る必要があります。

「ルールを冷徹に守る」と何度も書いておきながら、ここが非常に難しい部分なのですが、**投資をしていくと、前もって決めたルールと自我を捨てた柔軟な思考の両方が必要だ**と痛感する場面がきっとあります。頑固すぎてもいけないし、市場に同調しすぎてコロコロと方針を変えてもうまくいきません。

対人スポーツの作戦と同じで、完璧なプランを練っても相手の出方によっては試合中に作戦変更もあり得るのです。そんな時がきたら、ぜひ思い出してほしいことがあります。投資はつまるところ心理戦であり、投資に失敗して退場していく人達はほとんどの場合、分析を間違えたのではなく、心理戦に負けて退場していくのです。

市場は驚くほど心の機微を突いてくる

私のノートパソコンにスパイカメラが仕込まれているんじゃないかと思うくらい、売った瞬間に株価が上がったり、買った瞬間に株価が下がったりすることがあります。こういう時は大抵、感情にのまれて判断を間違えているのです。

「得したい」という欲や「損したくない」という恐れ、「自分だけ乗り遅れるのではないか」というFOMO、常に売り買いしたくなるポジポジ病、下げた時に慌てて売る「狼狽売り」、すべて感情の災いです。感情にのまれた時、人は判断を誤ります。自分が動いて欲しいのとは逆の方向に市場が動きます。

プロでも感情の排除は難しく、それで裁量を排除したAIのアルゴリズムを駆使したり、プログラマーを何人も雇い入れて条件によってコンピューターが自動で売買するプログラムトレーディングをしたりするわけです。そもそも、**「インデックスファンドが強い」「ドルコスト平均法の積み立て投資が有利」とされるのは、感情が絡まないため**なのです。ですが私達はコア100％よりプラスのリターンを狙おうとしています。

では、どう感情を排除するか。その答えが「トレード日記」をつけることです。

トレード管理

自分のトレードから学ぶのが一番の成長への近道

本編も終わりに近づいたところで、改めて投資の難しさを思い出してもらったのは、いかにトレード管理が重要であるかを知ってほしかったからです。

自分の正解を持ちつつも、柔軟に思考し、なるべく感情を排除する。損切りしても、その失敗を次の経験に活かして、トータルで負けない投資を目指す。そのためのトレード管理の鍵となるツールを本書のために考えました。それが「トレード日記」です。

ヘッジファンドなどプロのアナリストは、**「なぜ、この銘柄に投資をするのか」**についてプレゼンするために資料を作成します。また、いざ投資するとなれば、**毎日のトレードや、その日のポジションを資料にまとめて**報告します。

その縮小板として個人用に考えたものが、本書の「トレード日記」です。初めてサテライトの投資をする人に過不足ないようにと考え、私自身も一定期間使ってみて、使い勝手を改良してきました。

株を買う前に書く欄と、株を売った後に書く欄があります。それぞれ書き込み自体は5分もかからないでしょう。大した手間ではありません。

ですから、ぜひ**「トレード日記を書く前に、その株・ETFは買ってはいけない」**という決まりにしてください。その事前準備の5分が「自分にとっての正解」を整理する時間になります。

買った後、「予想と違ったかもしれない」と思うたびに、日記の記述を眺めましょう。一時の感情にのまれて暴れ出しそうになる思考を沈めることができます。おかげで再び、冷静に判断できます。「予想通りに株価が動いている」という時も、日記に書いたルールを守って利確や損切りをしていきます。

投資は、正しく分析して正しい行動をしても、うまくいかないことがあります。逆に、正しくない分析をして正しくない行動をしても、うまくいくこともあります。科学と芸術が混ざり合っているからです。

ですから、そのつど「自分の投資判断が正しかったのか」「運による結果なのか」を自問することも大事です。正しいことをしてうまくいったことも、正しくないことをして失敗したことも、再現性があります。けれど、運には再現性はありません。

買った株が上がったとしても、それは思った通りの理由でしたか？　それとも予想していなかったことが起こり上がりましたか？　最低3ヶ月は持とうと思っていたのに、少し上がったので売りたくなって予定外の利確をしていませんか？

買った時の理由を書いておけば再現性がある勝ちなのか、運の勝ちなのか、自問することが可能になります。再現性のある勝ち、そして繰り返すことを防げる負け、これらを繰り返し、積み上げることで、自信がつき感情に流されにくくなるのです。

利確でも損切りでも、売った後の振り返りとして、トレード日記を使いましょう。その5分が正しいことをしてうまくいったことを増やし、正しくないことによる失敗を減らし、予想外のことが起こった時に柔軟に作戦変更する力を付けてくれます。

トレード日記の使い方

では、トレード日記にどんなことを書いていくのか、説明していきます。

ツール自体は「Notion」というアプリで作成しました。私が使っているNotionは無料版です。Notionはウェブ版もあります。ただ、Notionを使いこなすには少しの勉強が必要です。使ったことがない人は、YouTubeなどでチュートリアルがたくさん出ていますので、挑戦してみてください。私はトレード日記以外にも毎日のように使っていますし、アメリカのビジネスパーソン達の間ではすでに必需品になっています。

Notionを習う時間がない人は、WordやExcelで見本のフォーマットを元に用紙を作って、使ってみてください。

この本の読者のために作成したトレード日記は、私のNotionのランディングページからダウンロードできます。

図5-10：まりーさんのNotionのランディングページ

★ 詳しい使い方は私のYouTube動画で説明しています。
★ Notionに入っているトレード日記のエントリーは見本で実際のトレードではありません。

このページは私のウェブサイト（https://www.maryoakleysan.com/）の「負けない米国株投資術」のタブからアクセスできます。そのページに**本書専用パスワード「Mary-Makenai」**を入力すると、Notionのリンクやその他、この本で紹介した色々なリンクをまとめて見ることができます。

Notionアプリやテンプレートの詳しいダウンロードの仕方は、このウェブサイトに記載しました。

本章ではその一番上の「トレード日記」を取り上げます。

まずは一番上のトレード日記をクリックしてください。こちらのページが開きます。

図5-11：トレード日記のデフォルトビュー

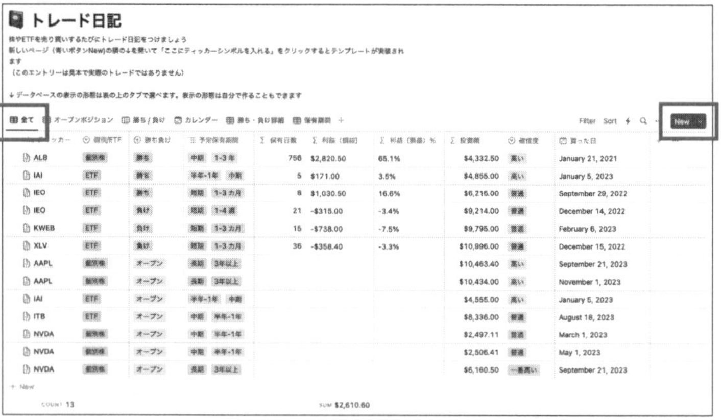

トレード日記

株やETFを売り買いするたびにトレード日記をつけましょう
新しいページ（青いボタンNew)の横の↓を開いて「ここにティッカーシンボルを入れる」をクリックするとテンプレートが実装されます
（このエントリーは見本で実際のトレードではありません）

↓データベースの表示の形態は表の上のタブで選べます。表示の形態は自分で作ることもできます

全て　オープンポジション　勝ち/負け　カレンダー　勝ち・負け詳細　保有期間　+　　Filter　Sort　New

ティッカー	個別/ETF	勝ち負け	予定保有期間	保有日数	利益（損額）	利益（損益）%	投資額	確信度	買った日
ALB	個別株	勝ち	中期 1-3年	756	$2,820.50	65.1%	$4,332.50	高い	January 21, 2021
IAI	ETF	勝ち	半年-1年 中期	5	$171.00	3.5%	$4,855.00	高い	January 5, 2023
IEO	ETF	勝ち	短期 1-3カ月	8	$1,030.50	16.6%	$6,216.00	普通	September 29, 2022
IEO	ETF	負け	短期 1-4週	21	-$315.00	-3.4%	$9,214.00	普通	December 14, 2022
KWEB	ETF	負け	短期 1-3カ月	15	-$738.00	-7.5%	$9,795.00	普通	February 6, 2023
XLV	ETF	負け	短期 1-3カ月	36	-$358.40	-3.3%	$10,996.00	普通	December 15, 2022
AAPL	個別株	オープン	長期 3年以上				$10,463.40	高い	September 21, 2023
AAPL	個別株	オープン	長期 3年以上				$10,434.00	高い	November 1, 2023
IAI	ETF	オープン	半年-1年 中期				$4,555.00	高い	January 5, 2023
ITB	ETF	オープン	中期 半年-1年				$8,336.00	普通	August 18, 2023
NVDA	個別株	オープン	中期 半年-1年				$2,497.11	普通	March 1, 2023
NVDA	個別株	オープン	中期 半年-1年				$2,506.41	普通	May 1, 2023
NVDA	個別株	オープン	長期 3年以上				$6,160.50	一番高い	September 21, 2023

+ New

COUNT 13　　SUM $2,610.60

このページでは、全ての日記のエントリーが見られます。表の上にある「全て」の右に並ぶ各種タブで、各エントリーの色々な見方ができます（下で説明しています）。

右上の青いボタン「New」を押すと、データ入力ページが現れます。

図 5-12：トレード日記のデータ入力ページ

この部分は機械的にトレードの情報を入れていくと、先ほどのデータベースに情報がエントリーされます。

こうした基本情報を入力しておくと、検索しやすい一覧表示にしたり、先ほどの表の上のタブでカレンダー表示にしたりオープンのトレードだけを見たり、予定の保有期間に分けて見たりして、自分の投資の状況を俯瞰することもできます。こうすると自分が勝ちやすいトレードの傾向が見えてくるかもしれません。私の Notion にはすでにいろいろなページビューが搭載してあります。それぞれ見てみましょう。

図 5-13：Notion のビュー／オープンポジションのみ

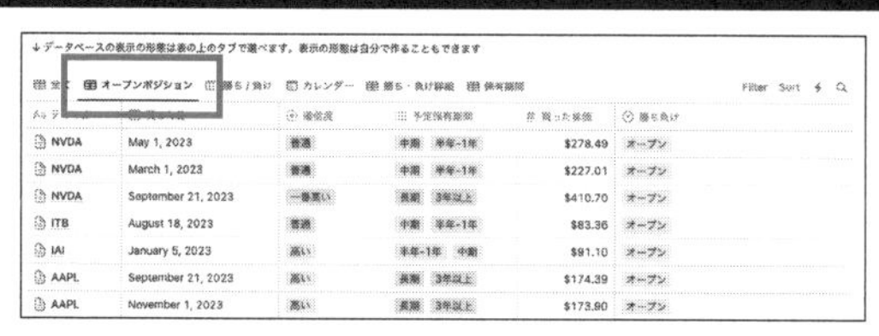

↓データベースの表示の形態は表の上のタブで選べます。表示の形態は自分で作ることもできます

全て　オープンポジション　勝ち／負け　カレンダー　勝ち・負け詳細　保有期間　Filter　Sort

[illegible]	[illegible]	確信度	予定保有期間	買った株価	勝ち負け
NVDA	May 1, 2023	普通	中期　半年-1年	$278.49	オープン
NVDA	March 1, 2023	普通	中期　半年-1年	$227.01	オープン
NVDA	September 21, 2023	一番高い	長期　3年以上	$410.70	オープン
ITB	August 18, 2023	普通	中期　半年-1年	$83.36	オープン
IAI	January 5, 2023	高い	半年-1年　中期	$91.10	オープン
AAPL	September 21, 2023	高い	長期　3年以上	$174.39	オープン
AAPL	November 1, 2023	高い	長期　3年以上	$173.90	オープン

図 5-14：Notion のビュー／勝ったトレード・負けたトレード

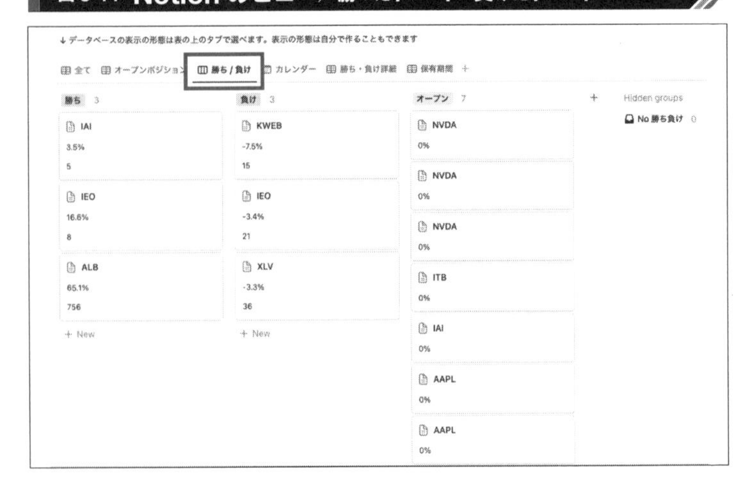

タイルにはティッカー、結果の％、保有期間が書いてあります。タイルに表示する情報は自分で変えられます。

図 5-15：Notion のビュー／カレンダービュー

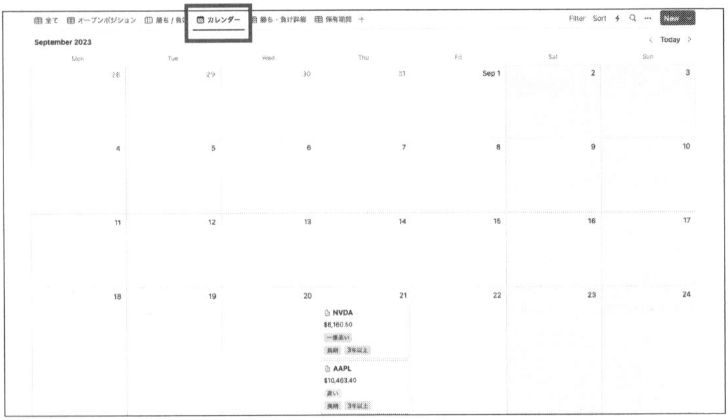

こちらも表示する情報を自分でカスタマイズできます。タイルをクリックするとそのトレードのエントリー詳細に飛びます。

図 5-16：Notion のビュー／勝ったトレード・負けたトレード詳細

↓データベースの表示の形態は表の上のタブで選べます。表示の形態は自分で作ることもできます

全て　オープンポジション　勝ち / 負け　カレンダー　勝ち・負け詳細　保有期間　Filter　Sort

勝ち負け　+ Add filter

▼ 勝ち 3

ティッカー	予定保有期間	保有日数	利益（損益）	利益（損益）%	勝ち負け	売った日
IAI	半年-1年 中期	5	$171.00	3.5%	勝ち	January 10, 2023
IEO	短期 1-3 カ月	8	$1,030.50	16.6%	勝ち	October 7, 2022
ALB	中期 1-3 年	756	$2,820.50	65.1%	勝ち	February 16, 2023

▼ 負け 3

ティッカー	予定保有期間	保有日数	利益（損益）	利益（損益）%	勝ち負け	売った日
KWEB	短期 1-3 カ月	15	-$738.00	-7.5%	負け	February 21, 2023
IEO	短期 1-4 週	21	-$315.00	-3.4%	負け	January 4, 2023
XLV	短期 1-3 カ月	36	-$358.40	-3.3%	負け	January 20, 2023

図 5-17：Notion のビュー／予定の保有期間別詳細

全て　オープンポジション　勝ち / 負け　カレンダー　勝ち・負け詳細　保有期間　Filter　Sort

予定保有期間　+ Add filter

▼ 中期 6

ティッカー	予定保有期間	保有日数	勝ち負け	利益（損益）	利益（損益）%	確信度
NVDA	中期 半年-1年		オープン	$0.00	0%	普通
NVDA	中期 半年-1年		オープン	$0.00	0%	普通
ITB	中期 半年-1年		オープン	$0.00	0%	普通
IAI	半年-1年 中期		オープン	$0.00	0%	高い
IAI	半年-1年 中期	5	勝ち	$171.00	3.5%	高い
ALB	中期 1-3 年	756	勝ち	$2,820.50	65.1%	高い

COUNT 6

▼ 短期 4

ティッカー	予定保有期間	保有日数	勝ち負け	利益（損益）	利益（損益）%	確信度
KWEB	短期 1-3 カ月	15	負け	-$738.00	-7.5%	普通
IEO	短期 1-4 週	21	負け	-$315.00	-3.4%	普通
IEO	短期 1-3 カ月	8	勝ち	$1,030.50	16.6%	普通
XLV	短期 1-3 カ月	36	負け	-$358.40	-3.3%	普通

COUNT 4

▼ 長期 3

ティッカー	予定保有期間	保有日数	勝ち負け	利益（損益）	利益（損益）%	確信度
NVDA	長期 3年以上		オープン	$0.00	0%	一番高い
AAPL	長期 3年以上		オープン	$0.00	0%	高い
AAPL	長期 3年以上		オープン	$0.00	0%	高い

COUNT 3

こちらも勝ちパターンを把握するのに使えるでしょう。

このテンプレートには、すでにこれらのビューを実装しています。自分で既存のビューをカスタマイズしたり、新しいビューを作ったりすることができます。ここがNotionの強みです。

図5-18：Notion入力画面／損切りと利確

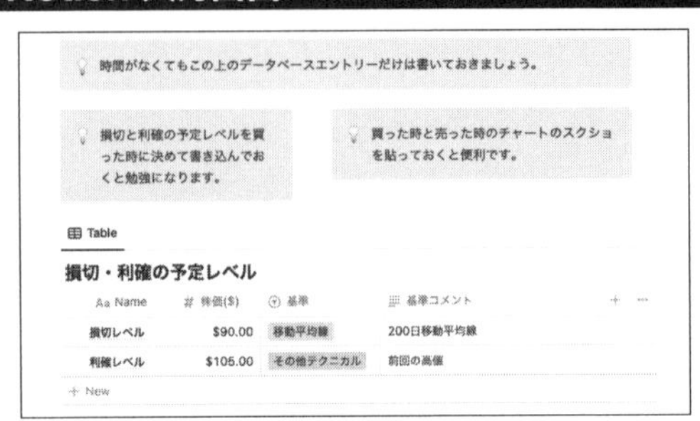

基本情報に続いて、各エントリーの下の部分ではチャートのスクリーンショットや自分の感情、勝った理由、情報の出所などもメモできるようにしてあります。この下の部分が実際の日記に当たり、後でトレードを見返す時にたくさん書いてあればあるほど後々の参考になります。時間の許す限り、詳しく書き込んでおきましょう。

図5-19：Notion入力画面／買った時・売った時のチャートのスクショ

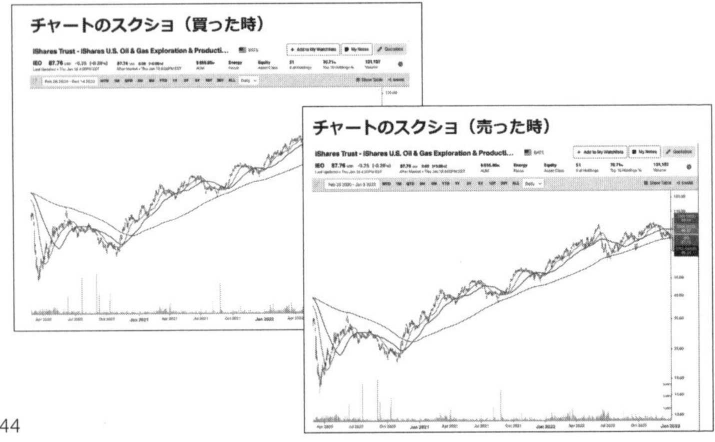

さらに、この株を買う理由や、この株に注目した情報ソースについてコメントします。投資を始める時の感情のチェック欄も設けました。

図5-20：Notion 入力画面／買った理由・感情のバロメーター

Table

買った理由

Name	ノート
1.200日移動平均線が綺麗に上向き	
2.200日移動平均線まで戻ってきてバウンス	
3.	
アイデアを得た理由・出所	チャート、ウォッチリスト

+ New

Table

買った時の感情のバロメーター

Name	Tags	ノート
恐怖	2.強い	
興奮（FOMO）	3.普通	CPIがよかったので相場はこれから伸びそう
その他		

+ New

ここまで終えてから、証券会社の取引ページを開いて購入する。そういう癖を付けると、かなり冷静なトレードができるはずです。

株を売った時のデータ入力の仕方は私のウェブサイトとYou Tube動画で詳しく説明しています。

売った時の記録で大事なのは、成績だけではありません。自分が売ると判断したその理由を明記しておきます。利確なら成功した実績として、他の銘柄や次の投資に活かせます。損切りなら、なおさら勉強になります。なぜ負けたと思うのか、自分なりの考察を書いてみてください。

図 5-21：Notion 入力画面／売った理由・感情のバロメーター

もうひとつ勉強になるのは、損切り後の値動きです。見たくない時もあるでしょうが、自分の利確や損切りが正しかったのか間違いだったかの答え合わせができます。1ヶ月以上経った後にエントリーを読み返して、チャートを調べて感想を書いておきましょう。

図 5-22：Notion 入力画面／売った後のチャートと感想・学んだこと

カモにならないために

以下全ては投資詐欺（ぼったくり）と疑え

くどいようですが、投資では負けることもあります。1つ1つのトレードでは負けてもいいのです。けれど、カモにされてはいけません。ここまでくどいほどに「投資は簡単ではない」「一攫千金は狙えない」と書いてきたのもそのためです。これとは反対に**「簡単に儲かる」「絶対に儲かる」という誘い文句があったら、まず詐欺**だと疑ってください。

「元本保証で10％以上の利回り」などという投資は、今の低金利の世界ではあり得ません。嘘でも詐欺でもないのなら、どんな仕組みなのか、しっかり理解してから投資するようにしてください。仕組みが理解できないのなら投資はしないこと。

「普通は富裕層しかできない」「あなただけは特別です」という投資はほぼ全て詐欺です。そもそもアメリカ市場が絡む投資なら、SEC（Security Exchange Commission ＝米国証券取引委員会）が富裕層のクラスを分けて、投資できる範囲を定めています。

また信頼する友達や家族に勧められた投資も、あまりにも話が美味しすぎるのなら要注意です。**詐欺のケースで非常に多いのは、被害者が詐欺に遭っているとは知らずに周りの人達にすすめて被害を広げてしまうこと**です。友達や家族が金融のプロでない限り、彼ら自身が騙されている可能性を常に頭に入れておいてください。

【元本保証】 資金の運用期間全てに渡って、元本の額が減らない（元本割れしない）と保証すること。

やたら露出の多い広告にも要注意です。私のX（旧Twitter）にも高額な投資スクールの告知をしないか、という話がよくきます。なぜ広告料を出してまで勧誘するのかというと、ペイできるからです。なぜペイできるのかというと、カモにされている人がいるから。

何十万円もする投資スクールや、手数料の高いロボアドバイザーにも要注意です。「リターンですぐにペイできる」と誘われたら、37ページを読み返してください。アドバイス料や特別なフィーを支払うのは、25億円以上の資産を持ってからでも遅くはありません。

フォロワーさんの騙されたお金を取り戻した

不思議なオフショア商品にもお金を預けてはいけません。国内への投資だとしても、「まずお金を預けてください」と言われたり、知らないサイトに誘導されそうになったら、話を終わりにしましょう。

実際、私のフォロワーさんの中に詐欺に遭いそうになった人がいました。「もしかして詐欺でしょうか？」と相談を受けたので詳しく聞いてみたら、そんな美味しい話はあり得ないことがわかりました。一緒に作戦を立てて、うまく500万円を取り返すことができました。

本編もいよいよ最後になりました。今後もたくさんの本を読んだり情報に触れて投資の勉強を続けてほしいのですが、そのつど再現性はどうか、費やす時間・心理面・リスク許容度のいずれも自分にとってストレスにならないかなど、吟味して情報の取捨選択をしてください。

【オフショア商品】 オフショアとは「岸から離れた」の意味で自国ではない国のこと。他国地域で売られる投資商品などをさす。日本の法律が及ばないので詐欺である可能性を吟味する必要がある。

ネットやSNSでたくさんのインフルエンサー達が、トレードのアイデアやリサーチの仕方を無料で教えてくれています。ほとんどの人達は善意で情報提供しているでしょう。でも中には高額の投資スクールに勧誘してきたり、トレードプログラムを売り付けようとする人もいます。また私の周りにもたくさんの私の偽物が私のふりをしてSNSの偽アカウントに勧誘して詐欺を働こうとしています。ブロックしても次から次へと出てきます。どうかそういう輩に騙されない知恵と知識を付けてください。

投資とは、地道に着々と自分の知識と胆力を持って時間をかけて資産を築いていくものです。スポーツと同じように、練習を積み重ねて上達していくものです。美味しい話はないですし、いきなり天才の真似をしてトレードしてもうまくいきません。自分の資産を自分で守れる知識を付けましょう。そうすれば家族が騙されそうになった時に助けてあげることもできます。

投資には「絶対に勝てる」「魔法の方法」はない

- **「簡単に儲かる」「絶対に儲かる」「元本保証で10%以上の利回り」「普通は富裕層しかできない」「あなただけは特別です」という投資はほぼ全て詐欺。**
- **友達や家族に勧められた投資も、あまりにも話が美味しすぎるのなら要注意。**
- **投資とは地道に自分の知識と胆力を持って、時間をかけて資産を築いていくもの。**

【情報の集め方】

アメリカの投資家がよく利用している情報ソースの情報を、253 ~ 255 ページにまとめておきます。このリストは Notion にも入れたので、そのリンクからもアクセスできます。これまで本編で触れたものもあります。

リストでは「最重要」「重要」「便利」と分けているので、**投資経験の浅い人、時間のない人、英語に抵抗感のある人は、「最重要」の情報から当たってみて**ください。それだけでも、日本語の情報だけに頼るより、ぐっと視野が広くなるはずです。

重要度のランクは、あくまでも私の主観なので他も見てみて最重要サイトより使えると思ったらどんどん活用してください。

英語が苦手な人は、ウェブサイトなどの文字情報なら翻訳機能を、動画は日本語字幕を使えば、ほぼクリアできるでしょう。また、こうしてどんどん情報に接していれば、数ヶ月後には投資に関する言葉に目と耳が慣れて、だんだん理解できるようにもなってきます。

All-in、**Odd Lots**、**Masters in Business** の 3 つは Podcast です。YouTube でも配信していて、それなら字幕も出せます。

All-in では、ベンチャーキャピタルで大成功している 4 人組が相場の話からテクノロジーの行く先、地政学などあらゆる情報をシェアしてくれます。これを聞くと**今、アメリカのカリスマ投資家達がどんなことを考えているのかがリアルに伝わってきます。**イーロン・マスク氏が普通に登場したりして、普通に生きていたらアクセスできない情報にも触れられます。そもそも、この 4 人はよく集まってポーカーをしながらお喋りしていたそうで、「こういう話って、きっとみんな聞きたいよね」ということで、Podcast で公開を始めたそうです。まさにギブの精神です。

このように、リストで「最重要」としたものは、本当に面白い、お宝情報ばかりですので、ぜひ一通り当たってみて、気に入ったら好きなSNSやウェブサイトを見る感覚で定期的に訪れてみてください。

Wall Street Journalは日本語版もありますが、ぜひアメリカ版を覗いてください。私はアプリを使っていて、課金して全ての情報にアクセスできるようにしています。一面の見出しを一通り見て、面白そうな記事だけしっかり読むようにしています。

他のサイトがニュースが主なのに対して、**Barron's**はもっと深掘りしたアングルのあるリサーチレポートのような記事が読めるので、これも課金して主に週末に読んでいます。

テレビでは**CNBC**をつけっ放しにしてBGMのように流しています。アメリカではYouTubeTVを契約しているので、そのパッケージに入っています。日本では日経CNBCがネットから見れるそうです（有料）。

それからリストには入れませんでしたが、**X（旧Twitter）**は最高の情報ソースです。例えば、ある株が急激に暴落している場合、そのティッカーをXで検索すれば大抵理由がわかります。どんなニュースサイトより早いので重宝します。また相場観を長文で、レギュラーにアップデートしてくれるアカウントもたくさんあるのでフォローしておくと勉強になります。ただアカウントにバイアスがかかっている（例えばいつも弱気なアカウントとか）場合が多いので、その傾向を理解した上で読むのが大事だと思います。やはり英語で発信しているアカウントのほうが、情報は充実しているので英語が苦手な方はXの翻訳機能を使うといいと思います。

【最後に ~投資を通じて人との繋がりを大切に~】

最初のコラムで「情報は人脈から」と書きました。これらの情報ソースはとても便利ではありますが、やはり生きた情報とは人との繋がりから得られるものです。実際、私はウォール街の同業種交流会に積極的に参加して、週1回は定期的なミーティングを持っています。時にはウォール街を出て、アメリカ各地で泊まりがけの大規模コンフェレンスにも出席しますし、私もスピーカーとして登壇することもあります。

こうして得た情報や私自身の経験、知識が日本の皆さんのお役に立てばと思って X（旧 Twitter）や YouTube での発信活動を始め、そのフォロワーさんを中心に投資サークルも作っています。

私の投資サークルはどなたも大歓迎ですが、私のサークルに限らず、コミュニティに入ったり、自分で勉強会の仲間を募ったりするのもおすすめです。自分と波長が合って、楽しいと思える人脈を大切にしてください。情報交換もできますし、"Bounce Off Ideas" といって「これ、どう思う?」と問いかけることで自分の考えを整理できます。ただコミュニティに入る際には、勧誘を目的とするものや、大金がかかるものには重々気をつけください。

投資を勉強して得られる一番価値のあるものは資産の増加ではなく、そうして培った仲間。お金よりずっと価値のある人生の宝ではないかと私は思います。

投資を通じて、皆さんの人生が彩り豊かになりますように!

2024 年 2 月

まりーさん

情報を集めるために使っているサイトのリスト

重要度	サイト	タイプ	コメント
最重要 ★★★	**Koyfin** (https://www.koyfin.com/)	T	私が使う絶対的にナンバーワン神サイト。投資するのに必要不可欠。しかもほとんどは無料で使える。課金する時は私のリンクを使うと20%オフに。
最重要 ★★★	**All-in** (https://podcasts.apple.com/us/podcast/all-in-with-chamath-jason-sacks-friedberg/id1502871393)	P	毎週楽しみにしているポッドキャスト。ビリオネアとセンティミリオネアの4人が毎週思っていることを話してくれる神ポッドキャスト。
最重要 ★★★	**Trading Economics** (https://tradingeconomics.com/calendar)	情	経済指数のカレンダーが便利。世界のインフレや経済指数も一目で比べられる。
最重要 ★★★	**FRED** (https://fred.stlouisfed.org/)	情 G	ありとあらゆる経済データがここで見られるし、エクセルにダウンロードできる。APIも無料でPythonで使える。
最重要 ★★★	**CME Count Down to FOMC** (https://www.cmegroup.com/markets/interest-rates/cme-fedwatch-tool.html?redirect=/trading/interest-rates/countdown-to-fomc.html)	情	債券先物相場に織り込まれているFOMCの利上げ、利下げ予想をとてもわかりやすくまとめてくれている。週1回は必ずチェックする。
最重要 ★★★	**Heat Map** (https://finviz.com/map.ashx?t=sec&st=ytd)	情	どのセクターがどの期間で上げているのかビジュアルで確認できるので相場のサイクルを掴みやすい。またどんな株が各セクターに入っているのか見やすいので投資先のアイデア探しにも使える。

P=ポッドキャスト　情=情報サイト　G=政府　T=ツールサイト　N=ニュースサイト　金=課金サイト

重要度	サイト	タイプ	コメント
重要 ★★★	**MarketSmith** (https://marketsmith.investors.com/mstool)	T 金	私が主に使っているチャートサービス。高額。
重要 ★★★	**Yahoo! Finance** (https://finance.yahoo.com/)	情 T	長期のチャートを見たい時に使う。データをExcel に落としたい時にも便利。WatchList はスマホに便利。
重要 ★★★	**Investing.com** (https://www.investing.com/)	情 T	私がポートフォリオトラッキングに使っているサイト。
重要 ★★★	**Seeking Alpha** (https://seekingalpha.com/)	情 金	アナリスト達のファンダメンタル分析が読める。なんでこの株今日下がったの？　なんて時、納得する分析が読める。でも課金（私のリンクを使うと 20%オフ！）しないと読めない。
重要 ★★★	**Wall Street Journal** (https://www.wsj.com/)	N 金	毎朝、ヘッドラインニュースをチェック。
重要 ★★★	**Barrons** (https://www.barrons.com/)	N 金	週末や時間のある時に面白い記事を探して読む。
重要 ★★★	**Bloomberg.com** (https://www.bloomberg.com/)	N 金	個別株や市場の最新ニュースを探すのに便利。
重要 ★★★	**CNN Fear and Greed Index** (https://www.cnn.com/markets/fear-and-greed)	情	相場が今強欲なのか恐怖に怯えているのか、1 から 100 まで数字で表してくれる。過去のデータも見れる。25以下で買って75以上で売るとかなりの確率で儲けが出る。
重要 ★★★	**Life is Beautiful 中嶋聡さんメルマガ** (https://www.mag2.com/m/0001323030?reg=mag2top)	M 金	日本が誇るソフトウェアエンジニア、Windows95 の父と呼ばれる中嶋聡さんの週間メルマガ。情報感度が非常に高く、大衆が気づく6ヶ月前くらいからトレンドを教えてくれる。不定期で対談させていただいていて、過去の回は YouTube に！
重要 ★★★	**Odd Lots** (https://podcasts.apple.com/us/podcast/odd-lots/id1056200096)	P	毎回面白いゲストを呼んでタイムリーな話題を深掘り。有名なのは SBF が DEFI のからくりを話した回。
重要 ★★★	**GDP Now** (https://www.atlantafed.org/cqer/research/gdpnow)	情 G	アトランタ FED が過去の GDP データをもとに作った GDP 予想モデルで、インプットされる経済データが発表されるたびに予想数値が更新される。

重要度	サイト	タイプ	コメント
重要 ★★★	US Bureau of Labor Statistics (https://www.bls.gov/)	情 G	月1で出てくる雇用統計データを出す政府機関。
重要 ★★★	Sticky CPI (https://www.atlantafed.org/research/inflationproject/stickyprice)	情 G	CPIやPCEにはないデータの切り口でインフレ率を分析してくれるので、インフレ率予想に役立つ。
重要 ★★★	Inflation Now Cast (https://www.clevelandfed.org/indicators-and-data/inflation-nowcasting)	情 G	色々なデータを使ってCPIとPCEの数値を予想してくれる。毎日アップデートされる。
便利 ★★★	Masters In Buisness (https://podcasts.apple.com/us/podcast/masters-in-business/id730188152)	P	ビジネス、主に金融関係の有名な人をインタビュー。毎回面白い。
便利 ★★★	Trading View (https://www.tradingview.com/)	T	たくさんの投資家が使っているチャートサービス。テクニカル分析が充実。
便利 ★★★	Coin Market Cap (https://coinmarketcap.com/)	情	暗号資産の価格やチャートを見るために使用。
便利 ★★★	Historical Yield Curve (https://www.longtermtrends.net/us-treasury-yield-curve/)	情	期間による金利の差（イールドカーブ）の推移を、かなり長い期間で見られる。
便利 ★★★	US Energy Information Administration (https://www.eia.gov/petroleum/gasdiesel/)	情 G	ガソリンの値段をチェックできる。インフレが高い時は注目される。
便利 ★★★	Current Market Valuation (https://www.currentmarketvaluation.com/)	情	数種類のモデルを使って、今相場は安いのか高いのか教えてくれる。過去からの推移も見られる。
便利 ★★★	Realtor.com Housing Data (https://www.realtor.com/research/topics/housing-supply/)	情	住宅の価格のトレンドが見れる。インフレが高い時に注目される。
便利 ★★★	Tech Crunch (https://techcrunch.com/)	情	テクノロジー関連のニュースサイト。

P=ポッドキャスト 情=情報サイト G=政府 T=ツールサイト N=ニュースサイト 金=課金サイト M=メルマガ

まりーさん

日本生まれ 、日本育ち。 大学卒業後スペインで 5 年間の銀行勤務を経て渡米。在米 27 年。1998 年、全米屈指のビジネススクール、ペンシルベニア大学ウォートン校にてMBA 取得。ウォール街の大手金融機関数社で証券アナリストを経て、現在 はヘッジファンドで超富裕層向けの資産運用アドバイザーとして勤務 。夫と娘と東海岸に住む。X と YouTube で発信するほか、無料の英会話サークル、投資サークル、継続サークルを主宰。

https://twitter.com/maryoakleysan
https://www.youtube.com/@MaryOakleysan
https://www.maryoakleysan.com
https://note.com/maryoakleysan
https://newspicks.com/user/9803924
https://jp.quora.com/profile/Mary-Oakley

負けない米国株投資術
米ヘッジファンドの勝ち方で資産を増やす!

2024 年 3 月 1 日　初版発行
2024 年 5 月10日　再版発行

著　者　まりーさん
発行者　山下 直久
発　行　株式会社KADOKAWA
〒102-8177 東京都千代田区富士見 2-13-3
電話　0570-002-301 (ナビダイヤル)
印刷所　TOPPAN株式会社
製本所　TOPPAN株式会社

●お問い合わせ
https://www.kadokawa.co.jp/ (「お問い合わせ」へお進みください)
※内容によってはお答えできない場合があります。
※サポートは日本国内のみとさせていただきます。
※Japanese text only

定価はカバーに表示してあります。

ISBN 978-4-04-897509-4 C0033